开放型经济发展的
评价与思考

蒋凌峰 ◎ 著

*Evaluation and Consideration of
the Development of Open Economy*

图书在版编目（CIP）数据

开放型经济发展的评价与思考/蒋凌峰著 . —北京：经济管理出版社，2020.6
ISBN 978-7-5096-7195-5

Ⅰ.①开… Ⅱ.①蒋… Ⅲ.①开放经济—经济发展—研究—中国 Ⅳ.①F125

中国版本图书馆 CIP 数据核字（2020）第 098902 号

组稿编辑：王　洋
责任编辑：曹　靖　王　洋
责任印制：任爱清
责任校对：陈晓霞

出版发行：经济管理出版社
　　　　　（北京市海淀区北蜂窝 8 号中雅大厦 A 座 11 层　100038）
网　　址：www.E-mp.com.cn
电　　话：（010）51915602
印　　刷：北京玺诚印务有限公司
经　　销：新华书店
开　　本：720mm×1000mm/16
印　　张：12.5
字　　数：201 千字
版　　次：2020 年 6 月第 1 版　2020 年 6 月第 1 次印刷
书　　号：ISBN 978-7-5096-7195-5
定　　价：78.00 元

·版权所有　翻印必究·
凡购本社图书，如有印装错误，由本社读者服务部负责调换。
联系地址：北京阜外月坛北小街 2 号
电话：（010）68022974　邮编：100836

目 录

第一章 国际比较篇 ··· 1

第一节 国际贸易发展潜力研究 ··· 1

一、引言 ··· 1

二、世界各地国际贸易发展潜力评价指标体系的构建及
评价方法 ·· 2

三、基于主成分分析的国际贸易发展潜力评价 ····························· 4

四、研究方法与模型变量 ·· 9

五、样本描述及综合分析 ·· 10

六、国际贸易发展潜力分析与启示 ··· 12

七、对策与建议 ··· 13

第二节 进出口贸易竞争力的国际比较 ······································· 14

一、我国与其他各国进出口贸易的现状分析 ······························ 14

二、我国与其他各国进出口贸易的竞争力实证分析方法 ··········· 16

三、我国与其他各国进出口贸易竞争力分析 ···························· 16

四、结论与建议 ··· 18

第二章 国内比较篇 ··· 19

第一节 我国各地区货物进出口贸易竞争力分析 ······················· 19

一、我国货物贸易的现状 ·· 19

二、我国货物进出口贸易竞争力实证 ·································· 23

三、我国分地区货物贸易竞争力分析 ·································· 24

四、结论与建议 ·· 26

第二节 我国各地区外商投资企业的发展比较 ···························· 28

一、我国各地区外商投资企业的背景 ·································· 28

二、我国各地区外商投资企业的发展比较方法与指标 ·················· 29

三、我国各地区外商投资企业发展的影响因素分析 ···················· 36

四、结论与讨论 ·· 40

五、对策建议 ·· 40

第三节 我国中东部地区典型省份进出口对比分析 ······················ 42

一、湖南、江苏对外经济现状分析 ···································· 43

二、湖南、江苏两省对外经济竞争力分析 ······························ 46

三、结论与建议 ·· 47

第三章 发展形势篇 ·· 51

第一节 我国对外经济合作竞争力演变趋势 ······························ 51

一、不同年份我国经济合作竞争力评价指标体系的构建及
评价方法 ·· 52

二、我国对外经济合作竞争力演变趋势评价 ···························· 54

三、我国对外经济合作竞争力的影响因素分析 ·························· 56

四、2005~2015年我国对外经济合作竞争力演变趋势分析
与启示 ·· 59

五、启示与建议 ·· 62

第二节 我国出口货物竞争趋势演变 ······································ 63

一、我国出口贸易总额评价指标 ······································ 63

二、我国出口贸易总额评价过程 ······································ 64

目 录

  三、我国出口货物竞争趋势的影响因素分析 …………………… 69

  四、结论与建议 …………………………………………………… 72

 第三节 我国进口货物的演变趋势 ………………………………… 73

  一、我国进口货物分类情况与演变趋势 ………………………… 74

  二、近三十年我国进口货物的分类占比与演变趋势评价指标体系的构建及评价方法 …………………………………………… 74

  三、近三十年我国进口货物演变趋势分析 ……………………… 77

  四、近三十年我国进口货物演变趋势的影响因素分析 ………… 82

  五、启示与对策 …………………………………………………… 84

第四章 专题分析篇 ………………………………………………… 87

 第一节 我国进出口产品对外贸易竞争力分析 ……………………… 87

  一、我国进出口产品对外贸易竞争力实证方法 ………………… 88

  二、我国进出口产品对外贸易竞争力分析 ……………………… 88

  三、结论与建议 …………………………………………………… 90

 第二节 服务业贸易竞争力评价 …………………………………… 92

  一、湖南服务业贸易现状分析 …………………………………… 92

  二、湖南服务业贸易竞争力实证方法 …………………………… 94

  三、湖南以及全国服务业对外贸易竞争力分析 ………………… 95

  四、结论与建议 …………………………………………………… 97

 第三节 国际间的消费潜力评价与思考 …………………………… 98

  一、国际间消费潜力评价指标体系的构建及评价方法 ………… 99

  二、国际间消费潜力评价的过程与实证 ………………………… 101

  三、国际间消费潜力评价结论与分析 …………………………… 108

  四、国际间消费潜力的影响因素 ………………………………… 111

  五、对策建议 ……………………………………………………… 115

第五章 案例讨论篇 ································ 117

第一节 北京对外经济贸易合作演变趋势与策略研究 ············ 117
一、北京对外经济贸易合作演变趋势指标选取 ············ 118
二、北京对外经济贸易合作演变趋势的实证分析 ·········· 119
三、北京对外经济贸易合作演变趋势的影响因素分析 ······ 129
四、北京地区各年份对外经济贸易合作综合情况分析与启示 ······· 132

第二节 湖南开放型经济发展研究 ······················ 134
一、湖南开放型经济发展的背景 ······················ 134
二、湖南发展开放型经济必要性与可行性分析 ············ 136
三、湖南培育开放型经济"新高地"现状和问题 ············ 141
四、湖南开放型经济"新高地"的培育策略 ·············· 148

第三节 "一带一路"背景下开展国际经贸合作研究 ········· 154
一、湖南与东南亚国家的经贸合作现状 ·················· 154
二、湖南与东南亚经贸合作存在的问题 ·················· 163
三、加强湖南与东南亚经贸合作的对策建议 ·············· 168

第四节 我国民营企业开拓国际市场的分析与思考 ·········· 172
一、民营企业开拓国际市场的概况 ···················· 173
二、民营企业开拓国际市场的障碍 ···················· 178
三、民营企业开拓国际市场的策略分析 ················· 181
四、结论与启示 ·································· 185

参考文献 ··· 187

第一章

国际比较篇

第一节 国际贸易发展潜力研究

一、引言

20世纪90年代以来,各国对外贸易迅猛发展,经济全球化以及全球性产业结构调整步伐加快,国际竞争更加激烈。面对国际经济形势的重大变化,当代国际贸易的发展也表现出一系列的新趋势:国际贸易发展动因知识化、国际贸易区域化、国际贸易交易对象高级化、国际贸易交易方式网络化、国际贸易交易市场垄断化以及国际贸易利益分配两极化等。国际贸易对世界经济的发展乃至人类社会的进步都起到巨大促进作用。就一个国家而言,对外贸易不仅可以增加一国的要素供给,提高一国的就业水平,而且可以优化一国的资源配置、促进一国规模经济的形成、带动一国经济的增长。当今世界经济中,国际贸易政策在各国经济增长和经济发展中起着重要的作用,它已成为国际贸易环境的重要组成部分。出于对本民族利益的考虑,各国政府几乎无一例外地采取一定的政策指导、引导甚至干预对外贸易。而一国国际贸易政策的选择总是受一定理论指导的,为世界各国制定国际贸易政策提供理论基础，这对以正确的理论来指导已融入全球化的各国经济实践，无疑具有重要意义。各国间的不断发展变革了国家的本质，甚至还涉及其他国家的发展。然而，在国际贸易的发展前提下，贸易间的交易是自由的，国际贸易间的发展也是随着时间的变化而发展的，且在时间的推移下国际贸易的发展变化会更加明显。

二、世界各地国际贸易发展潜力评价指标体系的构建及评价方法

（一）构建评价指标体系

对各国综合国际贸易发展潜力进行科学评价的前提是评价指标的选取，陈春（2009）运用国际上衡量外汇储备水平常用的三个指标：外汇储备/每月进口额、外汇储备/一年内到期的外债总额以及外汇储备/GDP指标来分析了我国当前外汇储备水平；吴国蔚、任延忠（1998）就对外直接投资环境评价指标的模糊分析；王雁茜、周启功、程惠芳（2000）在分析外商直接投资促进企业技术进步机制的基础上，从外商直接投资对企业技术进步的效果角度，建立了一套评价指标体系。笔者认为对于各国贸易发展潜力评价的指标不仅要能全面反映其国家对外贸易发展潜力，还需要对其量化。因此，遵循科学性、可比性、全面性及可行性原则，并考虑数据信息收集的可行性，本书从各国进出口、内外直接投资、资金三方面构架了评价指标体系（见表1-1）。

表1-1 各国国际贸易发展潜力评价指标体系

目标层	二级指标	三级指标
各国国际贸易发展潜力评价指标体系	资金	外汇储备（X_1）
		货币汇率（X_2）
	进出口	出口（X_3）
		进口（X_4）
	内外直接投资	外商直接投资（X_5）
		对外直接投资（X_6）

第一章 国际比较篇

其中,外汇储备、货币汇率、出口、进口、外商直接投资和对外直接投资可以从我国统计年鉴中综合提取。

(二) 评价方法

本书主要选取国际上36个主要国家或地区为研究对象,采用主成分分析法来评价。具体步骤如下:

第一步,进行数据收集及整理。根据国际间消费潜力评价指标体系所需数据进行原始数据采集,为消除量纲或数量级的不同,进行标准化处理。

$$X_{ij} = (x_{ij} - X_j)/S_j \tag{1-1}$$

其中,X_{ij}为标准化后的数据,X_j为第j个指标的平均数,S_j为标准差。

第二步,建立样本数据相关系数矩阵。样本数据标准化后,针对各指标建立系数相关矩阵 $R = (r_{ij})$,其中,$r_{ij} = \frac{1}{n-1}\sum_{k=1}^{n} X_{ki} X_{kj}$。计算R的特征值$\lambda_i$与特征向量$h_i$。

第三步,计算各主成分方差贡献率及累计贡献率,并选取K个主成分。方差贡献率表示主成分的方差在总方差中的比重,累计贡献率表明前K个主成分提取原有指标的信息量。K个主成分得分计算公式为:

$$F_1 = h_{11}ZX_1 + h_{21}ZX_2 + \cdots + h_{p1}ZX_p \tag{1-2}$$

$$F_2 = h_{12}ZX_1 + h_{22}ZX_2 + \cdots + h_{p2}ZX_p$$

$$\cdots$$

$$F_p = h_{1m}ZX_1 + h_{2m}ZX_2 + \cdots + h_{pm}ZX_p$$

其中,F_p为主成分得分。

第四步,计算主成分的得分与各样本综合得分。将标准化后的数字分别代入K个主成分得分计算公式,得到主成分得分。最后以各主成分方差贡献率为权重,构造样本综合得分模型。

$$F = w_1 F_1 + w_2 F_2 + \cdots + w_p F_p \tag{1-3}$$

第五步,计算综合主成分值并进行国际间消费潜力评价与研究。

三、基于主成分分析的国际贸易发展潜力评价

(一) 采集原始数据

本书根据世界各地贸易发展潜力评价指标体系,选取《中国统计年鉴》中的统计数据,提取了 36 个国家或地区的国际贸易发展潜力主要指标体系相关的数据,如表 1-2 所示。

表 1-2 原始数据

国家或地区	2014 年		2015 年			
	外商直接投资(亿美元)	对外直接投资(亿美元)	外汇储备(亿美元)	货币汇率(元)	出口(亿美元)	进口(亿美元)
中国	1285	1160	38592	6.23	22749	16820
中国香港	1033	1427	3284	7.75	5106	5594
中国澳门	30	5	164	7.99	13	106
印度	344	98	3035	64.15	2671	3920
印度尼西亚	226	71	1088	13389.41	1503	1427
以色列	64	40	861	3.89	637	648
日本	21	1136	12310	121.04	6249	6485
哈萨克斯坦	96	36	218	221.73	457	302
韩国	99	306	3588	1131.16	5268	4365
马来西亚	108	164	1146	3.91	1999	1760
蒙古	5	1	15	1970.31	47	38
巴基斯坦	17	1	118	102.77	222	442
菲律宾	62	70	721	45.5	586	699
新加坡	675	407	2566	1.38	3505	2967
斯里兰卡	9	1	73	135.86	105	191
泰国	126	77	1513	34.25	2144	2027
埃及	48	3	120	7.69	191	650
尼日利亚	47	16	367	192.44	484	480

第一章 国际比较篇

续表

国家或地区	2014 年		2015 年			
	外商直接投资（亿美元）	对外直接投资（亿美元）	外汇储备（亿美元）	货币汇率（元）	出口（亿美元）	进口（亿美元）
南非	57	69	443	12.76	817	1046
加拿大	539	526	746	1.28	4085	4364
墨西哥	228	52	1909	15.85	3808	4053
美国	924	3369	1190	1	15049	23079
阿根廷	66	21	290	9.23	568	598
巴西	625	-35	3610	3.33	1911	1788
捷克	59	-5	541	24.6	1582	1405
法国	152	429	495	0.9	5059	5727
德国	18	1122	623	0.9	13295	10500
意大利	115	235	477	0.9	4591	4089
荷兰	303	408	193	0.9	5672	5058
波兰	139	52	965	3.77	1982	1926
俄罗斯	210	564	3394	60.94	3403	1941
西班牙	229	307	395	0.9	2818	3093
土耳其	121	67	1069	2.72	1439	2072
乌克兰	4	1	66	21.85	379	363
英国	722	-596	957	0.66	4604	6258
澳大利亚	519	-4	508	1.33	1884	2084

（二）进行数据标准化处理与相关分析

运用 SPSS 统计分析软件对 36 个国家或地区国际贸易发展潜力评价指标进行标准化处理，以消除无量纲与数量级的不同。通过 SPSS 自动对原始数据进行标准化处理，所以在得到计算结果后的变量都是指经过标准化处理后的变量，并同时通过系数相关矩阵相关选项同时得到相关矩阵，如表 1-3 所示。

由表 1-3 可知，外汇储备、货币汇率、出口、进口、外商直接投资、对外

表1-3 相关系数矩阵

	2014年		2015年			
	外商直接投资	对外直接投资	外汇储备	货币汇率	出口	进口
外汇储备	0.552	0.297	1.000	-0.042	0.725	0.513
货币汇率	-0.052	-0.080	-0.042	1.000	-0.093	-0.100
出口	0.650	0.717	0.725	-0.093	1.000	0.924
进口	0.662	0.853	0.513	-0.100	0.924	1.000
外商直接投资	1.000	0.506	0.552	-0.052	0.650	0.662
对外直接投资	0.506	1.000	0.297	-0.080	0.717	0.853

直接投资这几个指标存在着极其显著的关系，可见许多变量之间直接的相关性比较强，证明他们存在信息上的重叠。因此，需进行主成分的选取，明确对于品牌战略实施效果贡献的主要指标。

（三）主成分提取

主成分个数提取原则为主成分对应的特征值大于1的前m个主成分。特征值在某种程度上可以被看成是表示主成分影响力度大小的指标，如果特征值小于1，说明该主成分的解释力度还不如直接引入一个原变量的平均解释力度大，因此，一般可以用特征值大于1作为纳入标准。通过SPSS软件进行因子分析，得到总体方差分析（见表1-4）。

表1-4 方差分解主成分提取分析

成分	初始特征值			提取平方和载入		
	合计	方差的%	累积%	合计	方差的%	累积%
1	3.611	60.177	60.177	3.611	60.177	60.177
2	0.993	16.557	76.734			
3	0.778	12.968	89.702			
4	0.439	7.320	97.022			
5	0.152	2.532	99.554			
6	0.027	0.446	100.000			

第一章 国际比较篇

通过表1-4（方差分解主成分提取分析）可知，提取1个主成分，即 m = 1。说明有一个主成分对于国际贸易发展潜力影响较大。同时在进行因子分析的过程中，得到了因子得分系数（见表1-5）。

表1-5 因子得分系数

相关	成分
总计	1
外汇储备	0.713
货币汇率	-0.122
出口	0.956
进口	0.947
外商直接投资	0.788
对外直接投资	0.810

从表1-5中可知，外汇储备、出口、进口、外商直接投资、对外直接投资在第一主成分上有较高载荷，说明第一主成分基本反映了这些指标的信息。提取一个主成分是可以基本反映全部指标的信息，所以决定用一个新变量来代替原来的6个变量。

（四）竞争力综合得分

这个新变量的表达还不能从输出窗口中直接得到，需要将其特征向量运用SPSS描述性功能求出来，与标准化后的数据相乘，然后就可以得出主成分表达式：

$$F = 0.38ZX_1 - 0.06ZX_2 + 0.50ZX_3 + 0.50ZX_4 + 0.41ZX_5 + 0.43ZX_6 \qquad (1-4)$$

通过上述新变量，代入经标准化处理的数据可以计算三个变量的得分值，然后以主成分所对应的特征值占所提取主成分总的特征值之和的比例作为权重计算主成分综合模型。

根据主成分综合模型即可计算综合主成分值，并对其按综合主成分值进行排序，即可对各国或地区的国际贸易发展潜力进行综合评价比较，结果如表1-6所示。

开放型经济发展的评价与思考

表1-6 主成分值

国家或地区	主成分值	排名
中国	7.42	1
中国澳门	0.32	9
中国香港	-1.07	24
土耳其	6.07	2
美国	2.15	3
菲律宾	1.9	4
英国	1.41	5
波兰	0.55	6
印度	0.54	7
尼日利亚	0.38	8
以色列	0.23	10
荷兰	0.11	11
埃及	-0.02	12
日本	-0.05	13
印度尼西亚	-0.05	14
澳大利亚	-0.15	15
阿根廷	-0.17	16
乌克兰	-0.28	17
蒙古	-0.31	18
巴西	-0.68	19
加拿大	-0.71	20
哈萨克斯坦	-0.74	21
巴基斯坦	-0.79	22
南非	-1	23
马来西亚	-1.08	25
新加坡	-1.12	26
韩国	-1.13	27
捷克	-1.18	28

第一章　国际比较篇

续表

国家或地区	主成分值	排名
法国	-1.19	29
泰国	-1.23	30
西班牙	-1.26	31
意大利	-1.32	32
斯里兰卡	-1.33	33
德国	-1.36	34
俄罗斯	-1.38	35
墨西哥	-1.46	36

注：由于数据不完整，故缅甸、越南数据被删除。

四、研究方法与模型变量

（一）研究方法

在国际贸易发展潜力研究过程中，对被解释变量用离散变量，因其不遵循统计学上要求的正态分布，由普通最小二乘法和加权最小二乘法估计出系数的标准差和 t 检验值不适宜于统计学的假设检验，所以不能用普通最小二乘法和加权最小二乘法进行估计。为了分析影响国际贸易发展潜力过程的因素，进一步明确其作用大小和影响程度。本书利用回归模型对 36 个国家或地区的样本进行分析，以求更客观地分析影响国际贸易发展潜力的有关国际贸易发展因素的作用方向，更准确地测定其影响程度。同时，以该国家国际贸易发展潜力为因变量，对影响国际贸易发展因素进行分析。

（二）模型变量

国际贸易发展可能会受到多方面的影响，借鉴学者的研究成果，本书将影响国际贸易发展的因素分为 4 个：人均国际生产总值、消费价格指数、居民最终消费率、第三产业人员构成。各变量的具体定义及赋值标准如表 1-7 所示。

表1-7 变量具体定义

变量	代码	变量含义
人均国际生产总值	X_1	衡量经济发展状况的指标
消费价格指数	X_2	反映居民家庭一般所购买的消费品和服务项目价格水平变动情况的宏观经济指标
居民最终消费率	X_3	一个国家或地区在一定时期内,用于居民个人消费和社会消费的总额占当年国民支出总额或国民收入使用额的比率,已经成为衡量一国经济发展良性与否的重要指标
第三产业人员构成	X_4	为社会生产和人民服务各行业人员构成指标

五、样本描述及综合分析

(一) 数据来源与样本描述

本书是对国际间贸易发展潜力的研究,覆盖了中国、美国、英国等多个国家,根据其人均国际生产总值、消费价格指数、居民最终消费率以及第三产业人员构成进行综合分析。此次选取样本数量及其包含的信息十分丰富,足以支持进行深入的分析,而且样本具有较强的代表性,包括了亚洲、美洲、欧洲等地区中具有代表性的国家,能够较好地反映国际贸易的现状。剔除数据不齐全的无效样本后,有效样本共有34个国家或地区,样本统计描述如表1-8所示。

表1-8 变量名称与统计描述

国家或地区	人均国际生产总值(美元)	消费价格指数	居民最终消费率	第三产业人员构成(%)
中国	8069	114.5	37.1	31.4
中国香港	42351	123	66.4	84.7
中国澳门	75573	131.3	26.1	74.7
印度	1613	147.4	59.1	35.2
印度尼西亚	3336	132.3	55.6	36.9
以色列	35729	106.7	54.7	75.7
日本	34474	203.6	56.6	66.9

第一章 国际比较篇

续表

国家或地区	人均国际生产总值（美元）	消费价格指数	居民最终消费率	第三产业人员构成（%）
韩国	27105	109.8	49.1	65.2
马来西亚	9644	112.8	54.1	55.6
蒙古	3944	163.5	58.4	43.3
巴基斯坦	1431	145.3	80	36.6
菲律宾	2878	117.4	73.8	48.5
新加坡	5363	113.2	36.7	77.3
斯里兰卡	3845	128.9	70.1	25.9
泰国	5815	110.4	48.9	37.1
埃及	3548	156.8	82.4	47.5
尼日利亚	2655	158.9	78.4	38.3
南非	5770	130.1	59.9	66.6
加拿大	43316	108.7	57.5	75.2
墨西哥	9143	119.4	66.6	58.9
美国	56207	108.7	68.1	77.8
巴西	8757	138.4	63.8	57.9
捷克	17557	107.5	47	56.5
法国	36527	105.6	55.4	72.3
德国	41177	106.9	53.9	67.8
意大利	30049	107.5	60.8	65.1
荷兰	44293	109.2	44.6	72.5
波兰	12566	108.1	58.4	53.4
俄罗斯	9329	151.5	52.1	60
西班牙	25684	106.5	58.1	65.1
土耳其	10980	146.1	60.4	45.8
乌克兰	2125	180.6	67	56.4
英国	43930	111.8	65	76.2
澳大利亚	56554	112.2	56.6	75.1

（二）综合分析

根据回归分析模型，将以上四个可能影响因素赋值后，运用线性回归分析，得出结果如表1-9所示。

表1-9 回归系数

模型	非标准化系数		标准系数	t	Sig.
	B	标准误差	试用版		
（常量）	2.500	3.054		0.819	0.420
人均国际生产总值（X_1）	0.003	0.000	0.312	1.120	0.072
消费价格指数（X_2）	-0.009	0.015	-0.116	-0.606	0.549
居民最终消费率（X_3）	-0.017	0.031	-0.107	-0.561	0.579
第三产业人员构成（X_4）	-0.015	0.033	-0.125	-0.461	0.648

由表1-9可知，人均国际生产总值对国际贸易发展有显著的正向作用；消费价格指数、居民最终消费率、第三产业人员构成对国际贸易发展呈现不显著的负向作用。回归方程为：

$$Y = 2.5 + 0.003X_1 - 0.009X_2 - 0.017X_3 - 0.015X_4 \quad (1-5)$$

六、国际贸易发展潜力分析与启示

从主成分综合得分来看，不同的国家在贸易发展方面也存在较大的差异，国际贸易发展较强的国家主要分布在中国、美国、日本和德国，而波兰、乌克兰、阿根廷等国家贸易发展相对较弱，如表1-10所示。

表1-10 国际贸易发展层次分布

国际贸易发展主成分值	国家或地区
第一层次主成分值>1	中国、中国香港、日本、美国、德国
第二层次0<主成分值≤1	韩国、新加坡、加拿大、法国、荷兰、英国
第三层次-1<主成分值≤0	印度、马来西亚、泰国、墨西哥、巴西、意大利、波兰、俄罗斯、西班牙、土耳其、澳大利亚
第三层次主成分值≤-1	中国澳门、印度尼西亚、以色列、哈萨克斯坦、蒙古、巴基斯坦、菲律宾、斯里兰卡、埃及、尼日利亚、南非、阿根廷、捷克、乌克兰

七、对策与建议

（一）科学对待外部环境

（1）未来国际贸易存在一系列的不确定性，正是在这种情况下，机遇与挑战并存，应抓住好的机会，规避挑战。

（2）为实现区域经济增长，各级政府不仅要注重基础设施建设，而且要时刻关注贸易环境，不断调整国际贸易的对策。

（3）各个国家应积极颁布各项方针促进彼此之间的合作发展。注重区域整体发展，形成区域开放经济增长格局。

（4）加强宏观调控，政府积极进行把控，将国际贸易与经济发展相协调，从而优化国际贸易的整体环境。

（二）提高开放经济的水平

（1）要顺应时代发展，不断提高本国对外开放程度，从而适应新形势发展。

（2）建立平等互利、安全高效的经济发展体制，才能保证本国经济持续稳定发展。不断改进开放系统，且要继续发挥外商投资作用，不断拓展投资环境和投资方式，增加外商投资。

（三）加快技术进步和科学创新

（1）积极开展技术研究与开发，尤其是提高资源利用率和再利用技术的推广，从而达到突破瓶颈，产生巨大成效。

（2）加快先进技术在全球范围内的流通性，可以使各贸易参与国得到技术水平上的提升。

（四）优化国际贸易结构

（1）加强创新能力，多研发国际市场上具有竞争力的产品，从而带动相关产业的发展。加大低能耗、低污染、高附加值的产品研发力度，从而使经济向良性发展。

（2）要拓展与不同国家间贸易往来，积极与其他新兴国家建立良好的贸易关系。

（五）保障贸易战略多样化

（1）各地区根据比较优势原则，选择并培育出口产业，提高自身的效益水平。

（2）加速原有外贸企业的转型，加速改制升级，使专业化外贸企业能够把握自己的优势。

（3）大力发展民营外贸企业，政府可放开外贸经营权，帮助有实力的企业得到进出口经营权，也可积极设立工业园区，并大力扶持，使民营企业向更好的方面发展。

第二节　进出口贸易竞争力的国际比较

在经济全球化的今天，作为五个金砖国家之一的我国，其进出口贸易是拉动世界经济的重要组成部分，同时对国内经济的快速发展也发挥着重要作用。我国进出口贸易的状况，直接关系到本国经济发展的态势和人民收入水平的提高。我国人口众多，人均GDP不高，因此很有必要对我国的进出口贸易进行研究。现有的研究方法主要是运用贸易竞争力指数对我国国际竞争力进行分析，部分学者还运用SWOT分析法对我国进出口贸易的国际竞争力进行评估。本书通过比较我国与其他各国的进出口贸易状况，寻找我国与其他各国的差距及其原因，吸收其他国家的成功经验，并在此基础上深入分析了我国进出口贸易的竞争优势，把握其变化规律，促使国内产业结构升级和工业化进程。

一、我国与其他各国进出口贸易的现状分析

改革开放以来，随着进出口贸易规模的快速扩张，进出口贸易总额和出口占GDP的比重大幅度提升，进出口贸易作为需求因素，在经济增长中的作用也大幅度增强，成为影响我国经济增长的重要需求因素。我国进出口贸易的状况，直接关系到本国经济发展的态势和人民收入水平的提高。

通过对2012~2014年我国进出口商品主要产销国别总值的比较，可以看出，

第一章 国际比较篇

我国净出口总值从 2012 年的 325574 万美元增长至 2014 年的 901968 万美元,出口占有量上升 7.12%,2012 年我国在日本、德国以及澳大利亚的进口量远大于出口量,至 2014 年有所缓解,但仍是进口大于出口。2012 年我国在日本的进出口商品的进口量占进出口总量的 73.28%,2014 年降为 68.26%;2012 年在德国的进出口商品的进口量占进出口总量的 77.97%,2014 年降为 62.85%;我国在澳大利亚的进口量不仅没有下降,反而上升,这与我国的发展战略是不相符的,因此对我国进出口贸易进行竞争力分析很有必要。2012~2014 年我国进出口商品主要产销国别总值如表 1-11 所示。

表 1-11 2012~2014 年我国进出口商品主要产销国别总值 单位:万美元

国家	2012 年		2013 年		2014 年	
	进口	出口	进口	出口	进口	出口
日本	123557	45047	71679	38416	103747	48238
菲律宾	2356	7734	1713	9548	2110	16465
新加坡	3480	24757	3383	36312	3840	73271
韩国	31568	63979	31499	54529	20967	77076
英国	4572	19855	4185	24494	3358	27218
德国	99646	28149	84298	34032	68672	40595
法国	4868	9367	7605	12552	4866	15705
意大利	13568	15036	14475	18301	16937	19631
荷兰	5064	27260	11144	28329	14468	29181
俄罗斯	4019	19955	19427	31743	13320	34568
加拿大	24338	24422	17924	26097	10440	27774
美国	35937	122554	51219	136575	107773	161810
澳大利亚	78080	18500	105942	16806	97582	19783
沙特阿拉伯	563	16615	211	20200	11301	32398
阿联酋	1646	21741	5136	31636	2281	36633
比利时	5128	10389	5129	11746	3628	10265
西班牙	3576	8789	3990	10035	7669	11291
马来西亚	3619	67661	4258	34043	6904	79079

资料来源:《中国统计年鉴》。

二、我国与其他各国进出口贸易的竞争力实证分析方法

为了全面考察我国进出口贸易竞争力的现状及其发展趋势,在多种测算竞争力优势的指标中,重点选取了贸易竞争力指数 TC 这一指标来比较分析我国与其他各国进出口贸易的竞争力差异。

贸易竞争力指数(TC)。TC 指数指的是一国或一地区某产业或某产品净出口量占贸易总量的比重,用 X_{ij} 与 Y_{ij} 分别表示 i 地区 j 产业或 j 类产品的出口值与进口值,则 i 地区 j 产业或 j 类产品的贸易竞争力指数为: $TC = (X_{ij} - Y_{ij})/(X_{ij} + Y_{ij})$。

贸易竞争力指数从产品进出口的数量角度来分析某类产品在国际市场上的表现,具有简单、直观、明了等特点,能够快速反映产品在某一时点或连续某一阶段一国或一地区某产品竞争力的变化。它能表明一国或一地区某产品是顺差还是逆差,以及净出口的相对规模,从产品"生产效率"的角度来反映产品的国际竞争力。一般认为,TC 值越接近 1,说明该产业或产品的国际竞争力就越强,反之则越弱;TC 值为负,表明该产业或产品为净进口,不具有国际竞争力。

三、我国与其他各国进出口贸易竞争力分析

贸易竞争力指数既可反映特定产业竞争力大小,也可衡量特定产品国际竞争力的强弱。为了增强这一指数所反映结果的真实可靠性,采用了 2012 年、2013 年、2014 年三个年份产销各国的进出口量的数据来分别计算出各年的贸易竞争力指数值。

从表 1 - 12 可以看出,从整体上来看,我国进出口商品贸易竞争力还存在一些薄弱之处(一部分中国进出口商品贸易竞争力指数为负数),这表明中国进出口商品贸易整体上还有提升竞争力的空间。同时,也发现,随着近几年各相关部门对进出口商品贸易发展的重视,2012 年以来竞争力指数略有升高,表明我国进出口商品贸易国际竞争力在不断提高。其中澳大利亚的 TC 指数一直保持在 0.65 左右,具有较强的竞争力;德国和日本近几年的 TC 指数有所下降,2014 年

第一章 国际比较篇

大致在0.3左右,也具有一定竞争力。2012~2014年,从各个产销国来看,中国进出口商品贸易结构不平衡。这18个国家中,只有日本、德国、澳大利亚的贸易竞争力指数一直保持在正数状态,具有一定的竞争力;而其他15个国家的TC值一直保持在负数状态,甚至阿联酋、沙特阿拉伯、马来西亚这三个国家的TC值十分接近-1,还有很大的竞争力提升空间。

表1-12 2012~2014年进出口商品主要产销国TC值

年份 国家	2012	2013	2014
日本	0.47	0.30	0.37
菲律宾	-0.53	-0.70	-0.77
新加坡	-0.75	-0.83	-0.90
韩国	-0.34	-0.27	-0.57
英国	-0.63	-0.71	-0.78
德国	0.56	0.42	0.26
法国	-0.32	-0.25	-0.53
意大利	-0.05	-0.12	-0.07
荷兰	-0.69	-0.44	-0.34
俄罗斯	-0.66	-0.24	-0.44
加拿大	0.00	-0.19	-0.45
美国	-0.55	-0.45	-0.20
澳大利亚	0.62	0.73	0.66
沙特阿拉伯	-0.93	-0.98	-0.48
阿联酋	-0.86	-0.72	-0.88
比利时	-0.34	-0.39	-0.48
西班牙	-0.42	-0.43	-0.19
马来西亚	-0.90	-0.78	-0.84

资料来源:《中国统计年鉴》。

四、结论与建议

（一）结论

通过对各国贸易竞争力指数的分析比较可以看出，日本、德国、澳大利亚这三个国家主要是对中国出口商品，而阿联酋、沙特阿拉伯、马来西亚这三个国家几乎是净进口我国的商品。造成这种情况的原因，笔者认为有以下两点。

一是澳大利亚对中国出口的主要商品有铁矿石、氧化铝、原油、煤、铝、锰矿石、铜矿石等矿产品；日本对中国主要出口汽车及某些世界闻名的电子产品，且日本是外贸型国家，从其他国家进口原料，然后加工生产出高端产品外销；德国主要对我国出口精密机床、铁路技术等尖端科技，还有保时捷、西门子、奔驰、宝马、大众、奥迪等品牌汽车。而矿产品、电子产品、尖端技术等商品的价格往往十分昂贵，且其他国家很难模仿甚至超越，只能从其进口。

二是马来西亚虽然有大量的矿产资源，比如石油，但是由于其生产水平落后，科技水平不够，因此，其大量高端设备需要进口，而高科技方面，我国具有很大潜力，我国与马来西亚的合作促使马来西亚向中国进口大量设施与产品；沙特阿拉伯在农业生产上不具优势，而我国在这方面具有优势，且随着两国均加入了WTO，贸易方面也日益密切；阿联酋则是在轻工业方面不占优势。

（二）建议

根据有关结论，就加强我国进出口商品的贸易竞争力，提出以下三个建议。

一是我国应加强自身的科技实力，掌握更多的高端、先进技术，减少对技术水平高的德国、日本、澳大利亚等国尖端商品的依赖，并进一步促进其从我国进口商品。

二是我国应继续加强优势出口商品的竞争力，如详细了解与我国贸易往来多的进口国的法律法规、风俗习惯等，并以此来加大我国的出口。

三是我国在不断扩大出口的同时，也要对自身情况有清楚的认识，对商品的进出口的限度有清晰的认识，才能既保证自身实力的不断增强，才能符合我国可持续发展的战略，促进对外贸易，进一步增强我国的经济实力。

第二章

国内比较篇

第一节 我国各地区货物进出口贸易竞争力分析

我国进出口贸易的全面发展是以各区域的稳步发展为基础的,而各区域在发展进出口贸易中存在着较大的差异性,主要表现在以下两个方面:一是发展进出口贸易的条件不同;二是各区域进出口贸易发展现状以及利用外商投资的程度不同。因此,通过本次我国各省货物进出口贸易的实证分析,充分发现我国各地区经济增长中的差异所在,根据各地区的经济比较优势,优化进出口贸易结构,依靠技术进步,增强各地区进出口贸易的竞争力,促进各地区贸易的平衡、快速发展。

一、我国货物贸易的现状

20 世纪以来,区域经济集团化与全球经济一体化成为当今世界经济发展的两大显著趋势,在这种背景下,全世界已形成了欧盟、亚太经济合作组织等许多区域经济圈和组织,并使各国、各地区可以利用这种区域经济合作寻求自身经济发展的平衡及利益分配的均衡,也使进出口贸易在各国、各地区经济中的地位日益突出,我国的进出口贸易发展亦面对着这一环境。

随着我国进出口贸易体制改革的逐步展开,外贸权力在不断下放,地方已逐步成为进出口贸易的主体。特别是1991年我国进出口贸易在统一政策的前提下,实行自负盈亏的新体制,对外开放逐步深化,各省、市、自治区进出口贸易自主权逐步放开,形成全国对外开放格局。外贸企业自主经营、责权利相结合,极大地调动了各地区发展进出口贸易的积极性。我国加入世界贸易组织,进一步融入世界经济一体化中,为我国经济在新世纪的更大发展提供了机遇,也带来了挑战。

根据数据显示,我国货物进出口贸易的总额各省份有较大差异,分别按经营所在地的进出口总额(见表2-1)、按境内目的地和货源地的进出口总额(见表2-2)来看,东部、南部沿海地区货物进出口总额较大,而中西部、西北、西南地区货物进出口总额较小。

表2-1　2014年经营所在地的进出口总额　　　　　　　　单位:元

地区	进口量	出口量	全国生产总量
北京	35318018	6233842	34797439
天津	8129542	5259066	25655677
河北	2416716	3571020	47995350.73
山西	729194	894087	20818091
内蒙古	816227	639355	28988891
辽宁	5525307	5874518	46699152
吉林	2060320	577759	22517357
黑龙江	2156569	1733524	24534062
上海	25626598	21013386	38446493
江苏	22172058	34183250	106179967.4
浙江	8171272	27332705	65535122.35
安徽	1769193	3148537	34011011
福建	6395555	11345229	39242675
江西	1070550	3202532	25635612
山东	13222074	14470865	96943866

第二章 国内比较篇

续表

地区	进口量	出口量	全国生产总量
河南	2558918	3938303	56995498
湖北	1639720	2664242	44664307
湖南	1088860	1994300	44106557.91
广东	43049746	64608701	110619657.4
广西	1622143	2432743	25567520
海南	1144592	441674	5710799
重庆	3203078	6340080	23266232
四川	2536384	4483913	46552463
贵州	137407	939726	15116460
云南	1081996	1878747	20904715
西藏	15408	210087	1502169.66
陕西	1343469	1392980	28857977.16
甘肃	331113	532948	11153051
青海	58999	112790	3757455
宁夏	113236	430285	4489560
新疆	419155	2348076	15127993

表2-2 2014年境内目的地和货源地的进出口总额　　　单元：元

地区	进口量	出口量	全国生产总量
北京	11146169	3164897	34797439
天津	9240923	5201145	25655677
河北	4513091	4913785	47995350.73
山西	690216	1160944	20818091
内蒙古	889460	640018	28988891
辽宁	6972816	5566061	46699152
吉林	2079065	624616	22517357
黑龙江	1725737	1216656	24534062
上海	26065608	19194665	38446493
江苏	25857102	35055845	106179967.4
浙江	9716552	28110404	65535122.35
安徽	1669316	2650946	34011011

开放型经济发展的评价与思考

续表

地区	进口量	出口量	全国生产总量
福建	6691912	9758460	39242675
江西	1202460	2708856	25635612
山东	17341301	15499712	96943866
河南	2594162	4253352	56995498
湖北	1686684	2398034	44664307
湖南	1120946	1709068	44106557.91
广东	49663299	74530955	110619657.4
广西	3184493	1304259	25567520
海南	1274251	418531	5710799
重庆	3565556	5190301	23266232
四川	2455287	3668402	46552463
贵州	155804	358005	15116460
云南	939709	1051669	20904715
西藏	8842	204719	1502169.66
陕西	1355092	1413742	28857977.16
甘肃	318646	208026	11153051
青海	30450	31555	3757455
宁夏	134633	266659	4489560
新疆	2133881	1754986	15127993

我国进出口贸易的全面发展是以各区域的稳步发展为基础的，而各区域在发展进出口贸易中存在着较大的差异性，主要表现在以下两个方面。

一是发展进出口贸易的条件不同。我国作为世界上最大的发展中国家，幅员辽阔，东部、中部与西部地区之间在自然环境、资源禀赋、社会文化、经济以及技术发展水平等方面都呈现出较为明显的地域差异，自然资源偏集中于中、西部，呈现西多东少的局面，而人口密度、产业与技术发展水平则表现为东高西低，构成了我国特有的资源、技术、经济在空间上的双重逆向梯度分布，从而形成了我国发展进出口贸易的区域格局。此外，改革开放以后的相当长时期内，国家在对外开放和区域经济发展上采取了效率优先、非均衡发展的战略措施，给予了东部沿海地区优惠的政策支持,而中西部地区缺少与之公平竞争的环境。

二是各区域进出口贸易发展现状以及利用外商投资的程度不同。东部沿海地区在全国的进出口贸易中起着举足轻重的作用,2001年东部12个沿海省市进出口额占到全国进出口总额的92.6%,而中部、西部19个省市自治区的进出口贸易额仅占全国进出口总额的7.4%;东部地区外商直接投资额占全国外商投资总额的比例达到了87.9%,而中部和西部仅占12.1%的比例。

二、我国货物进出口贸易竞争力实证

为了全面考察各地区货物贸易竞争力的现状及其发展趋势,在多种测算竞争力优势的指标中,重点选取了一般竞争力系数 GI 和贸易竞争力指数 TC 两个指标来比较分析地区货物贸易的竞争力差异。

(一) 一般竞争力系数(GI)

GI 指数是指一国或一地区某产品净出口量与该国或该地区该种产品生产量的比率,用 E_{ij}、M_{ij}、和 X_{ij} 分别表示 i 国或地区的 j 类产品的出口量、进口量和生产总量,则对 i 国或地区的 j 类产品而言,其一般竞争力系数为:$GI_{ij} = (E_{ij} - M_{ij}/X_{ij})$。

一般认为,净出口量占该国或地区生产量的比重越大,说明该产品的贸易竞争力越强;反之,则越弱。但当某产品出口量很大,而进口量和出口量又十分接近的时候,该指数并不能很好反映产品的贸易竞争力。

(二) 贸易竞争力指数(TC)

TC 指数指的是一国或一地区某产业或某产品净出口量占贸易总量的比重,用 X_{ij} 与 Y_{ij} 分别表示 i 地区 j 产业或 j 类产品的出口值与进口值,则 i 地区 j 产业或 j 类产品的贸易竞争力指数为:$TC = (X_{ij} - Y_{ij})/(X_{ij} + Y_{ij})$。

贸易竞争力指数从产品进出口的数量角度来分析某类产品在国际市场上的表现,具有简单、直观、明了等特点,能够快速反映产品在某一时点或连续某一阶段一国或地区某产品竞争力的变化。它能表明一国或一地区某产品是顺差还是逆差,以及净出口的相对规模,从产品"生产效率"的角度来反映产品的国际竞争力。一般认为，TC 值越接近 1，说明该产业或产品的国际竞争力就越强，反之则越弱；TC 值为负，表明该产业或产品为净进口，不具有国际竞争力。该指数可以很好地考察特定时间下不同地区相同产品的贸易竞争力差异和特定地区连续时点下某产业贸易竞争力的变化趋势。

三、我国分地区货物贸易竞争力分析

（一）一般竞争力系数

按照一般竞争力系数的定义，可知当指数大于 0 时，意味着出口大于进口，为贸易顺差，说明该地区货物具有贸易竞争优势，且数值越大，优势越强；指数小于 0 时，意味着出口小于进口，为贸易逆差，说明该地区货物不具有贸易竞争优势甚至具有竞争劣势。

表 2-3、表 2-4 数据显示，江苏、浙江、福建、广东等东部、南部沿海地区的进出口总额的 GI 值大于 0，且数值较大，贸易顺差，优势较强；山西、河南、湖北、湖南、陕西、甘肃、青海等中西部、西北、西南地区的进出口总额的 GI 值较小，甚至吉林、黑龙江的进出口总额的 GI 值小于 0，贸易竞争较弱；但是北京、上海、天津等一线城市的进出口总额的 GI 值小于 0，甚至更小，说明一线城市发展较快，第三产业发达，对于货物类第二产业产品进口需求较大，因此 GI 值最小。

表 2-3　按经营所在地进出口总额的 GI 值比较

地区	北京	天津	河北	山西	内蒙古	辽宁	吉林	黑龙江
GI 值	-0.84	-0.11	0.02	0.01	-0.01	0.01	-0.07	-0.02
地区	上海	江苏	浙江	安徽	福建	江西	山东	河南
GI 值	-0.12	0.11	0.29	0.04	0.13	0.08	0.01	0.02
地区	湖北	湖南	广东	广西	海南	重庆	四川	贵州
GI 值	0.02	0.02	0.19	0.03	-0.12	0.13	0.04	0.05
地区	云南	西藏	陕西	甘肃	青海	宁夏	新疆	
GI 值	0.04	0.13	0	0.02	0.01	0.07	0.13	

第二章 国内比较篇

表2－4 按境内目的地和货源地进出口总额的GI值比较

地区	北京	天津	河北	山西	内蒙古	辽宁	吉林	黑龙江
GI值	-0.23	-0.16	0.01	0.02	-0.01	-0.03	-0.06	-0.02
地区	上海	江苏	浙江	安徽	福建	江西	山东	河南
GI值	-0.18	0.09	0.28	0.03	0.08	0.06	-0.02	0.03
地区	湖北	湖南	广东	广西	海南	重庆	四川	贵州
GI值	0.02	0.01	0.22	-0.07	-0.15	0.07	0.03	0.01
地区	云南	西藏	陕西	甘肃	青海	宁夏	新疆	
GI值	0.01	0.13	0	-0.01	0	0.03	-0.03	

（二）贸易竞争力系数

贸易竞争力指数既可反映特定地区货物竞争力大小，也可衡量特定地区货物国际竞争力的强弱。

表2－5显示，大部分中西部、西南、西北地区的进出口总额的TC值比较大，竞争力很强，如安徽、河南、湖北、湖南、重庆、四川、贵州、云南、西藏、甘肃、青海、宁夏、新疆；只有少数东部、南部沿海地区进出口总额的TC值比较大，竞争力较大，如河北、江苏、浙江、福建等；甚至北京、上海、天津等一线城市的进出口总额的TC值为负数，竞争力较弱，说明一线城市发展较快，第三产业发达，对于货物类第二产业产品进口需求较大，因此TC值为负。

表2－5 按经营所在地进出口总额的TC值比较

地区	北京	天津	河北	山西	内蒙古	辽宁	吉林	黑龙江
TC值	-0.7	-0.21	0.19	0.1	-0.12	0.03	-0.56	-0.11
地区	上海	江苏	浙江	安徽	福建	江西	山东	河南
TC值	-0.1	0.21	0.54	0.28	0.28	0.5	0.05	0.21
地区	湖北	湖南	广东	广西	海南	重庆	四川	贵州
TC值	0.24	0.29	0.2	0.2	-0.44	0.33	0.28	0.74
地区	云南	西藏	陕西	甘肃	青海	宁夏	新疆	
TC值	0.27	0.86	0.02	0.23	0.31	0.58	0.7	

表 2-6 显示,山西、江苏、浙江、安徽、福建、江西、河南、湖北、湖南、重庆、贵州、西藏、宁夏等地进出口总额的 TC 值较大,货物净出口贸易竞争力较强;北京、上海、天津、内蒙古、辽宁、吉林、黑龙江、山东、广西、海南、甘肃、新疆等地进出口总额的 TC 值为负,竞争力较弱。

表 2-6　按境内目的地和货源地进出口总额的 TC 值比较

地区	北京	天津	河北	山西	内蒙古	辽宁	吉林	黑龙江
TC 值	-0.56	-0.28	0.04	0.25	-0.16	-0.11	-0.54	-0.17
地区	上海	江苏	浙江	安徽	福建	江西	山东	河南
TC 值	-0.15	0.15	0.49	0.23	0.19	0.39	-0.06	0.24
地区	湖北	湖南	广东	广西	海南	重庆	四川	贵州
TC 值	0.17	0.21	0.2	-0.42	-0.51	0.19	0.2	0.39
地区	云南	西藏	陕西	甘肃	青海	宁夏	新疆	
TC 值	0.06	0.92	0.02	-0.21	0.02	0.33	-0.1	

四、结论与建议

(一) 结论

一是进出口贸易领域内,现有的贸易理论主要以国家为基本分析单元,国内区域性进出口贸易主要以省级或经济区为研究单元的实证性研究,尚未形成系统的区域性贸易理论。

二是区域性进出口贸易与以国家为研究主体的进出口贸易相比具有三个明显特征:第一,地理特征更加突出;第二,贸易结构特征更加突出;第三,更容易受到相关政策和国际大环境的影响。

三是通过对各省的地理、经济、政策各方面条件的研究分析,本书认为各省在进出口贸易方面各有优势。改革开放以来,进出口贸易、利用外资均发展迅速,进出口贸易在推进社会产业结构调整、促进经济增长、扩大劳动就业方面起到了重要的作用,出口贸易对国民经济的推动作用要高于进口贸易对国民经济的推动作用。与全国尤其是广东、上海等主要沿海省市相比,仍然存在着外贸依存度较低、利用外资规模小的问题。

(二)建议

1. 转变观念,增强紧迫感和竞争感

要有加快发展外向型经济和尽快与国际经济接轨的紧迫感,进一步解放思想,深化改革,树立大外贸观,增强市场意识,在市场中寻求发展。积极引进和培养人才,充分意识到当今世界的经济竞争与市场竞争归根结底为人才竞争和技术竞争,依托高素质外贸专业人才,积极引进先进生产技术,开发高科技贸易产品,形成集科学研究、应用技术开发、成果转让、产品产销为一体的高科技贸易企业集团,走科技兴贸之路。增强创新意识,大力推进制度创新、技术创新、管理创新和市场营销创新,以技术创新提升传统出口产品的国际竞争力,以市场营销创新实现市场的多元化,等等。

2. 宏观调控体系的建立和外贸体制改革方面

在经济全球化进程中,企业参与国际竞争,制胜的根本在于必须在技术、经营、管理和市场开拓中保持领先地位,我国贸易发展的道路就是要达到工贸有机结合,其中的重要途径就是推动各类企业进入外贸领域,由市场选择和培育具有较高竞争能力的企业。

3. 发展多种贸易方式,规范发展加工贸易,提高产品附加值

加工贸易占用资金少、风险小,吸纳劳动力多,这对于加工能力过剩、劳动力资源大量富余的省份来说更需要加快发展。东部沿海地区要在原有基础上进一步拓展加工贸易新领域,西部地区要充分发挥资源和劳动力丰富的优势,加快发展加工贸易升级。增加加工贸易的国内附加值以及增强它对国内相关产业的连锁带动作用,按照产业内分工和产业内贸易的发展要求,不断提高加工贸易水平,努力争取更合理的经济利益分配。

第二节　我国各地区外商投资企业的发展比较

投资企业一直都是带动地区经济发展的重要动力。例如，深圳在改革开放以前只是一个落后的、与世隔绝的小渔村，在改革开放以后将深圳确立为经济开发特区，颁布优惠政策，改善基础设施建设，优化社会环境和政治环境，尤其是颁布吸引外商投资的一系列优惠政策，吸引外商前来投资，加大深圳的经济建设力度，提高经济实力，为我国以后的城市经济发展起了带头作用。根据国家统计局年鉴，2017年固定资产投资平稳增长，同比增长8.3%。而外商投资企业作为国家投资的主要组成部分，对产业发展起了很大作用。据统计，2017年1~5月，全国设立外商投资企业12159家，同比增长11.9%；实际使用外资金额3410.8亿元，同比下降0.7%（折合508.5亿美元，同比下降6.2%）。可见，地区优惠政策、吸引外商投资企业是推动经济发展的重要措施。研究地区对外商投资企业的吸引力，可以有效地明确地区的竞争力状况。通过一定形式的经济扶持和国家优惠政策的扩大，建立友好的投资经济环境，有效地吸引外资，从而全面提高全国经济的发展，充分发挥外资企业的连锁效应。与此同时，选取了五个变量包括城市人口密度、成交额、地区生产总值指数、居民消费水平和市场数量，以便客观地分析研究其对外商投资的影响程度。本书将选用回归模型，真实、准确地分析出客观的结果。

一、我国各地区外商投资企业的背景

改革开放以来，我国引进和利用外资的政策和实践经历了从起步试验、摸索调整，到战略转变、完善和成熟，由量变到质变的演进过程。与此相关的学术研究也不断跟进。

关于外商投资企业发展水平的研究，已有很多学者进行了研究分析。郭璐、田珍（2016）运用DEA - Malmquist生产率指数法测算，得出中国战略性新兴产业FDI的全要素生产率、技术进步、纯技术效率、规模效率；从子行业和来源地

两个角度阐述中国战略性新兴产业外资企业的发展效率，得出其未来发展的重点方向。胡进祥（1991）从总收益指标、投资回收指标、劳动利用效果指标、资金使用效果指标、技术引进效果指标、社会效益指标6个指标对外商投资企业进行评价。徐念榕（1997）从技术先进性、技术适用性、项目经济性、生态环境、社会效益5个指标，进行利用外资项目的综合评价。巴山（2006）从单位外资吸收就业人数、单位外资的年纳税总额、企业人均年纳税总额3个考察指标进行基于统计模型的外商投资贡献度评估方法研究。齐晓丽、金善女（2008）根据滨海新区发展所具有的条件，构建了由经济发展水平、基础建设、开放程度、经济结构、科技教育5个子体系和22个指标组成的评价指标体系，并选取深圳、大连、青岛、浦东新区4个城市和地区作为比较分析对象，运用因子分析法对滨海新区存在的优势和劣势进行了较为详细的阐述。汤可可（1997）产业经济发展、资源开发利用、经济运行状态、生态环境保护4个指标分析讨论对外开放的综合效益。

二、我国各地区外商投资企业的发展比较方法与指标

（一）不同地区2015年外商投资企业的发展效果评价指标体系的构建及评价方法

1. 构建评价指标体系

对各地区2015年外商投资企业的发展进行科学评价的前提是评价指标的选取，我们从各地区2015年的进出口、进口、企业数、投资总额、注册资本、外方注册资本等方面设计了评价指标体系，并对全国各地2015年外商投资企业的发展进行评价。我们认为对于其发展评价的指标不仅要能全面反映各地区2015年外商投资企业的发展，还需要对其量化。因此，遵循科学性、可比性、全面性及可行性原则，并考虑数据信息收集的可行性，本书从各地区2015年外商投资企业发展情况方面构建了评价指标体系（见表2-7）。

其中，进出口、进口、企业数、投资总额、注册资本、外方注册资本可以从2015年进出口规模、企业规模、投资规模、注册资本指标中提取。

表2-7 不同地区2015年外商投资企业的发展评价指标体系

目标层	二级指标	三级指标
不同地区2015年外商投资企业的发展评价指标体系	不同地区2015年外商投资企业发展情况	进出口（X_1）
		进口（X_2）
		企业数（X_3）
		投资总额（X_4）
		注册资本（X_5）
		外商注册资本（X_6）

2. 评价方法

根据不同地区分类标准，本书包括31个省、自治区、直辖市的外商投资企业发展情况的评价，本书采用主成分分析法来评价。具体步骤如下：

第一步，进行数据收集及整理。根据不同地区2015年外商投资企业的发展效果评价指标体系所需数据进行原始数据采集，为消除量纲或数量级的不同，进行标准化处理。

$$X_{ij} = (x_{ij} - X_j)/S_j \tag{2-1}$$

其中，X_{ij}为标准化后的数据，X_j为第j个指标的平均数，S_j为标准差。

第二步，建立样本数据相关系数矩阵。样本数据标准化后，针对各指标建立系数相关矩阵$R = (r_{ij})$，其中$r_{ij} = \frac{1}{n-1}\sum_{k=1}^{n} X_{ki}X_{kj}$。计算R的特征值$\lambda_i$与特征向量$h_i$。

第三步，计算各主成分方差贡献率及累计贡献率，并选取K个主成分。方差贡献率表示主成分的方差在总方差中的比重，累计贡献率表明前K个主成分提取原有指标的信息量。K个主成分得分计算公式为：

$$\begin{aligned} F_1 &= h_{11}ZX_1 + h_{21}ZX_2 + \cdots + h_{p1}ZX_p \\ F_2 &= h_{12}ZX_1 + h_{22}ZX_2 + \cdots + h_{p2}ZX_p \\ &\cdots \\ F_p &= h_{1m}ZX_1 + h_{2m}ZX_2 + \cdots + h_{pm}ZX_p \end{aligned} \tag{2-2}$$

其中，F_p为主成分得分。

第二章 国内比较篇

第四步，计算主成分的得分与各样本综合得分。将标准化后的数字分别代入 K 个主成分得分计算公式，得到主成分得分。最后以各主成分方差贡献率为权重，构造样本综合得分模型。

$$F = w_1 F_1 + w_2 F_2 + \cdots + w_p F_p \qquad (2-3)$$

第五步，计算综合主成分值并进行不同地区 2015 年外商投资企业的发展评价与研究。

（二）基于主成分分析的不同地区 2015 年外商投资企业的发展效果评价

1. 采集原始数据

本书根据不同地区 2015 年外商投资企业的发展效果评价指标体系，利用专家提供的统计数据，提取了 31 个省区市 2015 年外商投资企业的发展效果评价指标体系相关的数据，如表 2-8 所示。

表 2-8　全国各地 2015 年外商投资企业的发展情况原始数据

单位：亿美元，户

地区	货物进出口	货物进口	企业数	投资总额	注册资本	外商注册资本
全国	18335.0	8289.0	481179	45390	26682	20757
广东	5427.0	2098.0	111169	6443	3906	3081
上海	3007.0	1697.0	74885	6613	4497	3515
江苏	3373.0	1434.0	53551	7822	4229	3573
北京	652.0	504.0	29396	3810	2457	1722
浙江	841.0	275.0	32778	2918	1714	1364
山东	926.0	365.0	27240	2193	1272	993
福建	665.0	266.0	25895	1967	1109	900
辽宁	413.0	226.0	17745	2066	1240	1029
天津	672.0	351.0	12278	1813	1120	881
河南	521.0	226.0	8316	687	348	243
四川	267.0	115.0	10594	884	510	385

续表

地区	货物进出口	货物进口	企业数	投资总额	注册资本	外商注册资本
重庆	361.0	97.0	5009	788	494	388
湖北	123.0	55.0	8646	892	482	359
江西	128.0	58.0	7094	726	481	416
山西	761.0	32.0	3606	411	228	109
河北	140.0	63.0	6867	736	380	280
安徽	128.0	47.0	5063	1065	309	223
陕西	209.0	116.0	6017	516	284	194
湖南	62.0	27.0	5865	521	281	201
广西	103.0	59.0	4215	425	215	176
吉林	94.0	80.0	4437	352	167	104
海南	105.0	81.0	3111	312	180	117
内蒙古	132.0	6.0	2967	351	173	106
云南	5.0	1.8	3901	327	177	103
黑龙江	12.0	6.0	4149	223	127	97
贵州	3.0	1.2	1662	181	102	83
新疆	3.0	1.7	1384	85	48	36
甘肃	0.4	0.1	2130	77	33	23
宁夏	4.0	1.1	584	90	52	27
青海	0.1	0.1	404	74	28	13
西藏	0.0	0.0	221	20	16	10

2. 进行数据标准化处理与相关分析

运用 SPSS 统计分析软件对 31 个省区市 2015 年外商投资企业的发展效果评价指标进行标准化处理，以消除无量纲与数量级的不同。通过 SPSS 自动对原始数据进行标准化处理，所以在得到计算结果后的变量都是指经过标准化处理后的变量，并通过系数相关矩阵相关选项同时得到相关矩阵，如表 2-9 所示。

第二章 国内比较篇

表 2-9 相关系数

	货物进出口	货物进口	企业数	投资总额
货物进出口	1.000	0.997	0.994	0.986
货物进口	0.997	1.000	0.995	0.991
企业数	0.994	0.995	1.000	0.993
投资总额	0.986	0.991	0.993	1.000
注册资本	0.986	0.992	0.994	1.000
外商注册资本	0.987	0.993	0.994	1.000

由表 2-9 可知,货物进出口、货物进口、企业数、投资总额、注册资本、外方注册资本这几个指标存在着极其显著的关系,许多变量之间直接的相关性比较强,证明它们存在信息上的重叠。因此,需进行主成分的选取,明确对于品牌战略实施效果贡献的主要指标。

3. 主成分提取

主成分个数提取原则为主成分对应的特征值大于1的前 m 个主成分。特征值在某种程度上可以被看成是表示主成分影响力度大小的指标,如果特征值小于1,说明该主成分的解释力度还不如直接引入一个原变量的平均解释力度大。因此,一般可以用特征值大于1作为纳入标准。通过 SPSS 软件进行因子分析,得到总体方差分析表(见表 2-10)。

表 2-10 总体方差分析

成分	初始特征值			提取平方和载入		
	合计	方差的%	累积%	合计	方差的%	累积%
1	5.967	99.448	99.448	5.967	99.448	99.448
2	0.026	0.430	99.878			
3	0.005	0.078	99.956			
4	0.002	0.038	99.994			
5	0.000	0.004	99.998			
6	9.536×10^{-5}	0.002	100.000			

通过表 2-10 可知，提取 1 个主成分，即 m=1。说明有一个主成分对于 31 个省区市 2015 年外商投资企业的发展效果影响较大。同时在进行因子分析的过程中，得到了各因子得分系数（见表 2-11）。

表 2-11　各因子得分系数

因子	成分
	F1
货物进出口	0.994
货物进口	0.997
企业数	0.998
投资总额	0.998
注册资本	0.998
外商注册资本	0.998

由表 2-11 可知，货物进出口、货物进口、企业数、投资总额、注册资本、外商注册资本在主成分上有较高载荷，说明主成分基本反映了这些指标的信息。提取的主成分是可以基本反映全部指标的信息，所以决定用一个新变量来代替原来的六个变量。

4. 竞争力综合得分

这个新变量的表达还不能从输出窗口中直接得到，需要运用 SPSS 描述性功能将其特征向量求出来，与标准化后的数据相乘，然后就可以得出主成分表达式：

$$F_1 = 0.41ZX_1 + 0.41ZX_2 + 0.41ZX_3 + 0.41ZX_4 + 0.41ZX_5 + 0.41ZX_6 \quad (2-4)$$

通过上述这个新变量，代入经标准化处理的数据可以计算这个变量的得分值，然后以主成分所对应的特征值占所提取主成分总的特征值之和的比例作为权重计算主成分综合模型，得到综合模型如下：

$$F = 5.967 \times F_1 \quad (2-5)$$

根据主成分综合模型即可计算综合主成分值，并对其按综合主成分值进行排

第二章 国内比较篇

序,即可对 31 个省区市 2015 年外商投资企业的发展情况综合评价比较,结果如表 2-12 所示。

表 2-12 外商投资企业的发展情况综合评价结果

地区	F_1	F	排名
全国	12.89	76.90	1
广东	1.92	11.44	2
上海	1.45	8.63	3
江苏	1.36	8.13	4
北京	0.09	0.57	5
浙江	-0.08	-0.47	6
山东	-0.19	-1.11	7
福建	-0.29	-1.72	8
辽宁	-0.34	-2.02	9
天津	-0.34	-2.02	10
河南	-0.60	-3.61	11
四川	-0.62	-3.67	12
重庆	-0.64	-3.83	13
湖北	-0.66	-3.96	14
江西	-0.67	-4.01	15
山西	-0.69	-4.12	16
河北	-0.69	-4.14	17
安徽	-0.70	-4.20	18
陕西	-0.70	-4.20	19
湖南	-0.75	-4.45	20
广西	-0.75	-4.50	21
吉林	-0.76	-4.56	22
海南	-0.77	-4.58	23
内蒙古	-0.79	-4.69	24

续表

地区	F_1	F	排名
云南	-0.80	-4.77	25
黑龙江	-0.81	-4.81	26
贵州	-0.83	-4.93	27
新疆	-0.84	-5.03	28
甘肃	-0.84	-5.03	29
宁夏	-0.85	-5.05	30
青海	-0.85	-5.09	31
西藏	-0.86	-5.12	32

三、我国各地区外商投资企业发展的影响因素分析

（一）研究方法与模型变量

1. 研究方法

本次外商投资企业发展的影响因素的研究中，涉及的变量有：地区生产总值指数、城市人口密度比、居民消费水平、各地区的亿元成交额、市场数量。对于被解释变量的研究与衡量只能用离散变量，因其不遵循统计学上要求的正态分布，不适宜统计学的假设检验。为了能更加清楚、明了地了解到上诉影响因素对外商投资的影响程度，本书利用回归模型对全国各地区共31个城市的外商投资发展情况进行分析，以求更加客观地分析影响外商投资情况的因素。同时，对影响因素进行分析。地区生产总值指数、城市人口密度比、居民消费水平、市场数量、各地区的亿元成交额的关系模型可以表示为：

$$\text{Ln}[Y_i/(1-Y_i)] = a + a_1 \times X_1 + \cdots + a_i X_n \quad (i=1, 2, \cdots, n) \quad (2-6)$$

其中，Y_i表示外商投资的概率，X_i表示第i个影响因素，a_i表示第i个影响因素的回归系数，a表示回归方程的回归常数。

2. 模型变量

外商投资的发展会受到多方面因素的影响，本书将影响因素分为三个层面：

第二章 国内比较篇

经济层面、社会层面、市场层面。每个城市的成交额、地区生产总值指数和居民消费水平为经济层面,城市人口密度为社会层面,市场数量为市场层面。变量含义描述如表2-13所示。

表2-13 变量具体含义

变量	代码	变量含义
市场数量(个)	X_1	拥有的市场个数
成交额(亿元)	X_2	商品买卖的交易额
城市人口密度比	X_3	生活在城市范围内的人口稀密程度
居民消费水平	X_4	居民在物质产品和劳务消费过程中,对满足人们生存、发展和享受需要方面所达到的程度
地区生产总值指数	X_5	地区生产总值变动趋势和程度的相对数

(二) 数据来源与样本描述

本书对2015年全国31个省区市外商投资企业发展的影响因素进行调查研究。此次调查的样本数量及其包含的信息非常丰富,足以支持深入的实证分析,而且样本具有较强的代表性,包括2015年各地区的市场数量(个)、成交额(亿元)、城市人口密度比、居民消费水平、地区生产总值指数。能够较好地反映各地区经济水平、消费水平、市场情况,从而来分析其对外商投资企业发展水平的影响。各变量的原始数据如表2-14所示。

表2-14 变量原始数据

地区	市场数量(个)	成交额(亿元)	城市人口密度(人/平方千米)	居民消费水平(元)	地区生产总值(亿元)	人口密度(2014年)	城市人口密度比(%)
北京	125	3482.5	1541	39200.4	106.9	1525	101.05
天津	56	1598.4	3492	32594.7	109.3	3328	104.93
河北	236	5365.6	2646	12829.1	106.8	2540	104.17
山西	36	630.4	3920	14363.7	103.1	3974	98.64

开放型经济发展的评价与思考

续表

地区	市场数量（个）	成交额（亿元）	城市人口密度（人/平方千米）	居民消费水平（元）	地区生产总值（亿元）	人口密度（2014年）	城市人口密度比（%）
内蒙古	73	606.5	1629	20834.9	107.7	1291	126.18
辽宁	206	3761.4	1590	23693.1	103	1615	98.45
吉林	57	668.6	3193	14630	106.3	3171	100.69
黑龙江	82	1064.2	5504	16443.3	105.7	4946	111.28
上海	155	9113.9	3809	45815.7	106.9	3832	99.4
江苏	513	15973.1	2034	31682.4	108.5	3038	66.95
浙江	751	16131.4	1914	28711.5	108	1828	104.7
安徽	136	2566.9	2458	13941	108.7	2416	101.74
福建	135	1582.6	2704	20828	109	2627	102.93
江西	93	1808.7	4822	14488.9	109.1	4671	103.23
山东	595	9866.3	1452	20684.2	108	1426	101.82
河南	151	3348.9	5155	14507.3	108.3	5149	100.12
湖北	157	2030.4	2430	17429.4	108.9	2448	99.26
湖南	328	3256.2	3261	16288.8	108.5	3402	95.86
广东	336	5576.6	3060	26365	108	2999	102.03
广西	91	913.7	1823	13856.7	108.1	1684	108.25
海南	7	52.6	2045	17019.1	107.8	2069	98.84
重庆	153	3412.9	1904	18859.7	111	1872	101.71
四川	134	2748.9	1902	14774	107.9	3068	61.99
贵州	60	686.3	2396	12876.3	110.7	2393	100.13
云南	49	613.7	2943	13400.5	108.7	2853	103.15
西藏	0	0	1750	8755.7	111	1857	94.24
陕西	54	691.2	4031	15363.3	107.9	5474	73.64
甘肃	40	410.6	4049	11867.7	108.1	3682	109.97
青海	9	63.3	2692	15167.3	108.2	2604	103.38
宁夏	36	314.3	1336	17209.6	108	1295	103.17
新疆	98	1793.6	2557	13683.3	108.8	4280	59.74

第二章 国内比较篇

本书选取五个变量,表2-14中多余的两个变量:城市人口密度和人口密度(2014年)为人口密度比的基础数据。31个城市的各种特征各不相同,且本书涉及的地区分布较均衡,东西南北部地区都有涉及,以达到客观分析的目的。表2-14中西藏的人口密度和亿元成交额的数据因为过少而达不到统计的标准,所以可以得出西藏地区的经济相比其他地方相对落后,经济比较不发达。

(三)模型估计与检验

根据前文所述研究方法,将上述5个可能的影响因素赋值后,运用SPSS17.0对二元回归模型进行回归分析,5个变量全部通过了拟合优度检验,得出结果如表2-15所示。

表2-15 回归结果

模型	非标准化系数		标准系数	t	Sig.
	B	标准误差	试用版		
(常量)	44.998	43.817		1.027	0.014
市场数量	0.001	0.011	0.024	0.052	0.059
成交额	0.000	0.001	-0.295	-0.550	0.087
居民消费水平	0.000	0.000	0.574	2.430	0.023
地区生产总值指数	0.518	0.397	-0.216	-1.304	0.004
城市人口密度比	0.038	0.054	0.127	0.713	0.083

通过对表2-15的研究分析,说明居民消费水平对外商投资企业发展水平有显著的正向作用。市场数量、成交额、城市人口密度比、地区生产总值指数等也对各地区外商投资企业发展水平呈现显著的正向作用,总结得出变量对各地外商投资企业发展水平具有影响,如居民消费水平,对各地外商投资企业发展水平具有显著影响,因为外商投资建厂的地区选择,是出于利益的考虑,而利益的高低在于外商所投资企业的利润收入。企业生产的产品需要市场,需要消费者的购买,而消费者的购买取决于消费者的购买意愿、购买能力,有购买意愿而无购买能力,或者有购买能力而无购买意愿,都不构成商品的购买行为。所以,顾客的购买能力处于举足轻重的地位,而消费者的购买能力取决于其可自由支配的收入

即其消费水平。消费水平的提高,表示当地的经济水平的提高,会吸引外商前来投资。

四、结论与讨论

(一) 各地区的经济发展水平与外商投资有密切关联

根据上述研究可知:沿海地区的经济高速发展,位于前沿的城市为广东、上海和江苏。而投资最多的城市与最少之间相差了100倍,说明了目前我国的经济发展水平差距甚大。西北地区的经济优势并不明显,甚至相对落后,无法吸引外资。而中部地区的外资吸引力较为一般,应大力建设基础设施,创造一个优良的投资环境。

由相关矩阵可知,货物进出口的波动较大,而投资的波动较小。可以在保持投资稳步前进的基础上,稳定货物进出口,促进货物进出口的平衡。

(二) 区域发展环境影响着外商投资

根据上述研究,沿海地区的外商投资吸引力较大,与其城市的内部环境有很大关系。沿海地区经过改革开放,基础设施建设基本完整且先进,在一定程度上吸引着外商。而且由于劳动力外出务工主要集中于沿海发达地区,劳动力密集。所以,无论外商投资的企业是劳动密集型还是技术密集型,在沿海城市都可以得到很好的发展。

(三) 地方经济的投入对外商投资构成吸引力

由于改革开放的力度,国家比较注重沿海地区和经济特区的建设,资金投入力度较大。而对于西北地区,自然环境过差,早年就未被重视,近年来虽提倡开发西部,但实施力度仍赶不上东部沿海地区。所以,应继续加大对西部地区的经济扶持,建设西部地区,吸引外资,促进当地经济发展。

五、对策建议

(一) 促进不同地区外商投资企业区域均衡发展

从目前的情况来看,外商投资企业的发展主力依然在东部地区,特别是以三大经济圈为辐射带动的经济发达地区,进出口总额、外商投资企业规模、投资总额、注册资本均占有明显优势,东部沿海发达地区在吸引投资进行资本扩张方面的能力较强,而西部地区外商投资企业的发展成长正在不断增进。未来,国家应继续对东部地区投资环境的建设、招商引资的扶持,促进东中西部外商投资企业发展的区域均衡,尤其要加大对西部地区的政策和资金扶持力度,促进其后发优势的产生,从而拉动中西部地区的经济增长,以外商投资带动区域经济的增长,提高对外经济在中西部地区的比重,使全国外商投资企业分布更为多元和丰富,更加均衡发展。

(二) 继续完善基础设施建设

一个地区的基础设施建设是该地区经济发展的最基本的代表。外商进行投资必然会先调查,如果基础设施不符合外商要求,那就不会再有下一个阶段的谈判了。所以,对此建议国家坚持加大力度建设基础设施尤其是偏远地区,颁布建设基础设施的相关法律。对于基础设施建设也可以发动群众,毕竟群众是根本。提高研发技术,尽量克服西部地区的自然阻碍,提高当地的劳动力就业率。同时,开设一些适合家庭妇女工作的场地,既可以工作又可以照顾家庭,当地群众的建设积极性自然会提高。

(三) 加大人才投入力度

颁布优惠政策,鼓励更多的人才投入西部地区的建设。当然,是要资金和人才相结合,只有投入才会有收获。

(四) 努力提高居民消费收入水平

经济基础决定上层建筑,外商投资看重的是当地的发展前景和已经具有的经济实力。这说明一个地区的经济实力越雄厚,对外商投资的吸引力越大,对当地经济发展的前景越有利。进一步分析认为,地区的生产总值与当地的成交额大小有着密切的关系,而提高地区的成交额与居民的消费水平有着很大的关系,居民的消费水平与其可自由分配的收入有关系。所以,要提高居民消费水平需要提高居民可自由分配收入。这就涉及劳动分配,除去第一次的分配,国家需要对收入再分配进一步采取有效的政策。绝对公平不会存在,但政府可以通过采取政治、经济、财政手段促进再分配有效率地进行。把分配政策处理好，使居民满意自己的可自由分配的收入，自然而然会进行商品购买，积少成多，自然会有大宗商品买卖的出现，从而提高交易额。国家也可以增加政府支出，由政府根据需要购买企业的产品，刺激企业的利润率，增加企业的收入，刺激企业与企业之间进行交易，提高企业的交易额。提高了交易额，就会促进当地的生产总值的提高，从而提高经济实力，提高外商投资的吸引力。

（五）优化城市人口结构

一个城市的人口由该城市的人口基数决定，同时也受当地的自然环境、政策环境和经济环境的影响。自然环境虽不可逆转，但人类可以尽自己最大的力量去改变它。当地政府可以采取建筑工程的方式抵御自然灾害，减少当地因自然灾害而转移的人口数量。同时，政府多颁布一些有利于当地发展、提高当地人民生活水平的政策，减少因贫穷而转移的人口数量。而经济环境在上述的经济层面分析中已经详细分析过，主要提高当地人民的可自由分配收入和生活水平。

（六）扩大消费市场

市场数量的多或少与当地的需求有着密切的关系。需求影响供给，需求多了，供给自然会加大。买卖双方无限增多，买卖种类增多，市场细分更加细致，市场数量就会增多。国家可以通过提高银行存储利率的方式减少消费者的货币存储行为，刺激消费者的购买力度，增加市场需求，增加供给，扩大市场。

第三节　我国中东部地区典型省份进出口对比分析

对外贸易是一个国家（或地区）与另一个国家（或地区）商品、劳务、技术的交易活动，是一国国民经济的重要组成部分，其主要有进口和出口两个部分。在如今这个经济全球化的大环境下，没有一个国家能通过自给自足实现经济的发展、国家的强大。

改革开放以来，湖南省作为中部城市，对外贸易经济虽然获得巨大发展，但是和东部沿海城市相比仍有差距，本书通过对江苏省和湖南省进行对外经济的对

第二章 国内比较篇

比分析，从而得出湖南省目前和东部沿海地区对外经济的差距，吸取其成功经验，并在此基础上深入分析湖南省对外经济的优势与劣势，探寻扩大进出口，更加深入地发展对外贸易的有效途径。

一、湖南、江苏对外经济现状分析

众所周知，江苏开放型经济建设水平在整个国家经济发达地区及沿海省市中的排名都处于领先位置，既有出口，也有进口，两者孰重孰轻没有定数，最关键的在于发挥进出口经济之间的比较优势。众所周知，尤其是"十一五""十二五"期间，江苏各区域开放型经济取得了重大发展，突出表现在对外贸易整体发展规模不断扩大、发展水平快速提升、出口质量迅速提高，对外贸易的转型速度也不断加快，虽然仍然存在着产业布局不协调与产业集中度不足的问题，如苏南、苏中、苏北发展不平衡，但是，江苏省总体的对外经济水平在全国处于领先地位。

中部地区是沟通东西、连接南北的重要战略枢纽，在全国地域分工中扮演着十分重要的角色。虽然自1983年湖南第一家外资企业建立以来，随着改革开放的深化及各种吸引外商投资的优惠政策出台，大量外资涌入湖南，但是发展较为滞后，已成为制约湖南经济增长和崛起于中部的重要因素之一，反过来看，这也表明湖南对外贸易具有较大的发展空间。特别是在中央提出中部崛起的国家战略背景下，湖南对外贸易面临新的发展机遇。2005~2014年的数据显示，湖南的进出口总额占全国的比例在稳步上升，在经济全球化的背景之下，对外贸易对湖南经济的影响越来越大是毋庸置疑的，而湖南进出口总额在增加、比例在上升的现状，加上中央对于中部崛起的政策支持也是湖南加快转变经济发展方式、形成长远竞争力的重大历史机遇。同时，湖南在促进对外贸易对其经济增长作用方面，面临的是一个动态的、多方向的挑战。

从以上数据可以看出，2005~2014年的发展历程中，全国及湖南、江苏两省的进出口总额都处于螺旋上升阶段，并且发展幅度较大：全国从1421.9亿美元到43015.27亿美元（见表2-16），湖南从60.05亿美元到310.27亿美元（见

表 2-17），江苏从 4664.27 亿美元到 11730.76 亿美元（见表 2-18），但是湖南和江苏的差距仍然很大，江苏在 2005 年的进出口总额都比湖南在 2014 年的进出口总额要多出 10 倍不止，而且湖南占全国的比例依旧较低，2014 年仅占全国进出口总额的 0.7213%（见表 2-19）。由此，可看出湖南对外贸易的发展是比较滞后的，在全球化的浪潮下，在对外经济蓬勃发展的今天，湖南并没有迸发出足够的活力，但是从另一方面看，这也表明湖南对外贸易具有较大的发展空间。

表 2-16　2005~2014 年全国进出口总额统计　　单位：亿美元

年份	全国进出口总额	全国进口总额	全国出口总额
2005	14219.1	6599.57	7619.53
2006	17604.4	7914.62	9689.78
2007	21665.7	9461.14	12204.56
2008	25632.55	11325.62	14306.93
2009	22075.35	10059.23	12016.12
2010	29739.98	13962.44	15777.54
2011	36418.60	17434.79	18983.81
2012	38671.19	18184.05	20487.14
2013	41589.93	19499.89	22090.04
2014	43015.27	19592.34	23422.93

表 2-17　2005~2014 年湖南进出口总额统计　　单位：亿美元

年份	湖南进出口总额	湖南进口总额	湖南出口总额
2005	60.05	22.58	37.47
2006	73.53	22.59	50.94
2007	96.9	31.66	65.23
2008	125.66	41.56	84.1
2009	101.51	46.59	54.92
2010	146.89	67.34	79.55
2011	190	91.03	98.97

第二章 国内比较篇

续表

年份	湖南进出口总额	湖南进口总额	湖南出口总额
2012	219.41	93.41	126
2013	251.64	103.44	148.21
2014	310.27	110.04	200.23

表 2-18　2005~2014年江苏进出口总额统计　　单位：亿美元

年份	江苏进出口总额	江苏进口总额	江苏出口总额
2005	4664.27	2188.34	2475.93
2006	5830.53	2596.44	3234.09
2007	7220.64	3105.57	4115.07
2008	8227.49	3394.94	4832.55
2009	7048.26	2981.88	4066.38
2010	9645.52	4125.44	5520.08
2011	11211.33	4840.34	6370.99
2012	11368.88	4741.03	6627.85
2013	11441.18	4814.41	6626.77
2014	11730.76	4806.31	6924.45

表 2-19　2005~2014年湖南、江苏进出口总额比较

年份	湖南			江苏		
	进出口总额占全国的比例	进口总额占全国的比例	出口总额占全国的比例	进出口总额占全国的比例	进口总额占全国的比例	出口总额占全国的比例
2005	0.004223	0.003422	0.004917	0.3280	0.3316	0.32495
2006	0.004177	0.002854	0.005257	0.3312	0.3281	0.3338
2007	0.004472	0.003347	0.005345	0.3333	0.3282	0.3372
2008	0.004902	0.003670	0.005878	0.3210	0.2998	0.3378
2009	0.004598	0.004632	0.004570	0.3193	0.2964	0.3384
2010	0.004939	0.004823	0.005042	0.3243	0.2955	0.3499
2011	0.005217	0.005221	0.005214	0.3079	0.2776	0.3356
2012	0.005673	0.005137	0.006150	0.2940	0.2607	0.3235
2013	0.006051	0.005304	0.006709	0.2751	0.2469	0.3000
2014	0.007213	0.005616	0.008549	0.2727	0.2453	0.2956

资料来源：《中国统计年鉴》《湖南统计年鉴》《江苏统计年鉴》。

二、湖南、江苏两省对外经济竞争力分析

贸易竞争力指数，即 TC（Trade Competitiveness）指数，是对国际竞争力分析时比较常用的测度指标之一，它表示一国进出口贸易的差额占进出口贸易总额的比重，即 TC 指数 =（出口额 – 进口额）/（出口额 + 进口额）。

该指标作为一个与贸易总额的相对值，剔除了经济膨胀、通货膨胀等宏观因素方面波动的影响，即无论进出口的绝对量是多少，该指标均在 – 1 ~ 1。其值越接近于 0 表示竞争力越接近于平均水平；该指数为 – 1 时表示该产业只进口不出口，越接近于 – 1 表示竞争力越薄弱；该指数为 1 时表示该产业只出口不进口，越接近于 1 则表示竞争力越大。

贸易竞争力指数（TC）：TC =（$X_{ij} - Y_{ij}$）/（$X_{ij} + Y_{ij}$），其中 X_{ij} 与 Y_{ij} 分别表示 i 地区 j 产业或 j 类产品的出口值与进口值。

表 2 – 20 2005 ~ 2014 年湖南与江苏的贸易竞争力及与全国的比较

年份	湖南			江苏			全国
	出口 – 进口	出口 + 进口	TC	出口 – 进口	出口 + 进口	TC	TC
2005	14.89	60.05	0.25	287.59	4664.27	0.06	0.07
2006	28.35	73.53	0.39	637.65	5830.53	0.11	0.1
2007	33.57	96.9	0.35	1009.5	7220.64	0.14	0.13
2008	42.54	125.66	0.34	1437.61	8227.49	0.17	0.12
2009	8.33	101.51	0.08	1084.5	7048.26	0.15	0.09
2010	12.21	146.89	0.08	1394.64	9645.52	0.14	0.06
2011	7.94	190	0.04	1530.65	11211.33	0.14	0.04
2012	32.59	219.41	0.15	1886.82	11368.88	0.17	0.06
2013	44.77	251.64	0.18	1812.36	11441.18	0.16	0.06
2014	90.19	310.27	0.29	2118.14	11730.76	0.18	0.09

表 2 – 20 显示，2005 ~ 2014 年，全国及湖南、江苏两省 TC 都为正，代表出口额多于进口额；湖南省的 TC 指数在 2005 ~ 2008 年一直维持着比较高的水平，

稳步上升,从0.25发展到0.34,2009~2011年大幅度下滑,从0.34直接下降到0.08,2008年湖南雪灾对其有一定影响,但从2012年又渐渐回升,2014年达到0.29;而江苏省的TC指数虽然不是很高,但是从2005~2014年一直都处于比较稳定、平衡的状态,最低2005年0.06,最高2014年0.18;全国的平均TC指数虽然不高,但也是处于比较平衡的状态,是在0.04到0.13之间徘徊;江苏省TC指数的平均水平和变化情况都和全国的基本保持一致。

由以上的数据显示,湖南的TC指数虽然在2005~2008年,2013年和2014年高于江苏,就竞争力而言高于江苏,但是湖南的TC指数波动较大(0.08~0.34),对外经济发展不稳定,湖南的对外贸易仍然需要改进深入发展。

三、结论与建议

(一)结论

湖南在2005~2014年进出口总额都有大幅度增长,占全国的比例也基本处于上升状态,但是2008年有回落,与2008年湖南雪灾有一定的关联,出口总额和全国所占比例都略高于进口,说明对外贸易对于湖南经济增长的作用也越来越大。利用贸易竞争力指数统计湖南、江苏和全国近10年的进出口数据时,发现湖南与江苏和全国相比,指数不稳定,波动较大,说明对外经济发展仍然存在不稳定的因素,经分析,有以下三点原因。

(1) 2008年湖南雪灾的影响,因此2009~2011年进出口总额有回落,TC指数也大幅度下降。

(2) 湖南出口结构单一。多年来,湖南出口产品长期以锰、锌、铝等产品为主。这些产品属于高能耗的资源性初级加工产品,附加值不高,受资源、能源和市场行情影响较大。国家鼓励发展的机电、电子、通信等技术含量高、附加值高的高新技术产品出口几乎空白。农产品难以大批量"走出去",椪柑、猕猴桃、茶叶、药材等农产品虽有一定的优势,但由于加工企业技术和装备比较落后、质量控制体系不完善,无法与国际标准接轨,出口一直难以实现实质性突破。尤其是缺乏名优、大宗拳头出口商品,难以形成出口优势。没有独特的优势，很容易受国际上竞争者的影响，因此对外经济，尤其是出口，发展仍然存在不稳定的因素。

（3）加工贸易发展速度过慢，一般贸易牢牢占据主导地位。加工贸易，主要指对外加工装配、中小型补偿贸易和进料加工贸易。发展加工贸易的好处是投资少、时间短、见效快，有利于充分利用我国丰富的劳动力资源，有利于扩大出口，增加外汇收入。而湖南在全国加工贸易占主导位置的时候却仍然是一般贸易占据主导位置，因此竞争力下降，容易受国际舞台竞争者的影响，因此发展不是很稳定。

（二）建议

1. 大力发展加工贸易

加工贸易是承接国际资本、技术和产业转移，加速融入世界经济的一种新型生产合作方式。发展加工贸易既能扩大利用外资，又能较快转化为扩大出口，并能迅速提升一个地区的工业化水平。湖南加工贸易能否得到快速发展决定本省对外贸易能否实现超常规和跨越式发展。本省加工贸易发展尚处于起步阶段，远远落后于沿海地区，近几年中部六省也发展滞后。因此，湖南对外贸易应当要以积极有效的政策支持为引导，以加强基础设施、功能配套设施和产业发展环境建设为保障，以工业园区、出口加工区、重点承接市、加工贸易龙头企业等为主要载体，主攻"珠三角"，拓展"长三角"。

2. 加快出口产品结构调整

以"长株潭"为核心，从产业结构调整入手，加快出口商品结构调整。积极扩大工程机械、技术设备、交通电机、电子信息等高新技术产品出口，加快成为湖南省进出口的重要支撑。继续围绕推动新型工业化，发挥装备制造、新材料、电子信息、生物制药、汽车及零部件等产业优势，加快产业升级，压缩一般性资源性加工行业，如采煤业等。积极开发具有自主知识产权、自主品牌、有一定技术含量、较高附加值的高新技术产品，广泛开拓国际市场，提高其在湖南对外贸易中的比重。此外，积极建立现代农业生产体系，打造一批有影响力的农产品出口品牌，在猪、粮、油、茶、果、菜、竹、麻、烟、鱼的深加工上着力，解决农产品出口比重过低的问题。突出湖南资源和劳动力优势，提升纺织、服装、陶瓷、花炮、钢材、有色金属的生产水平和质量，提高深、精加工能力，确保出口稳定增长。大力开展服务贸易，在动漫影视、文化出版、金融保险、信息咨询、现代物流等行业，大胆尝试，努力扩大服务贸易出口。

3. 积极培育出口产品基地

湖南应当依托现有基础，重点建设和壮大出口商品基地；各市州、区县也要结合产业基础和发展现状，突出产业特色，选准对外贸易的发展方向。

4. 积极应对国际贸易摩擦

随着湖南对外贸易的大幅度增长，各类贸易摩擦也日益增多，特别是在当前贸易保护主义抬头的情况下，无论在任何时候都不能有丝毫的松懈，持之以恒地抓实抓好。应当主动、及时跟踪国际市场动向，加强对国际贸易摩擦的研究，深入对等国际贸易组织规则的学习，积极宣传、普及进出口公平贸易知识，加强培训，大力协助企业做好应对工作，为应诉企业提供咨询服务等方面的支持，维护企业的合法权益。结合建设"国家产业损害预警监测体系"，争取更多的湖南企业列入样本企业，逐步完善湖南预警体系建设。

同时，巩固和扩大欧美、东盟、日韩等传统市场，大力拓展中东、俄东、南美、非洲等新兴市场，积极争取早日在本地区设立商检、海关等部门，强化服务意识。要进一步完善扶持政策和措施，健全以企业服务为重点的促进体系。

扶持中小企业开展进出口贸易，重点加强对新增企业参展、市场开拓等方面进行服务和指导。有针对性地组织小型、专业团组，参加国内外重点博览会、展览会和展销会，充分发挥出口信用保险政策作用，引导企业加强对新兴市场的出口风险防范和规避，引导企业发展代理制、中介服务、网上贸易和电子商务等现代贸易方式，努力开拓国际市场，实行在外贸工作思路上的新突破，突出多元出口、创牌出口和自营出口。

5. 建立健全相关政策和服务保障体系

政府应当切实贯彻落实各项进出口促进政策，逐步扩大省级资金规模，制定严格的申报和使用办法，确保国际市场开拓、品牌建设、出口基地建设、进出口商品数据库、国际贸易摩擦应对、技改研发等专项资金的使用、对资金拨付和使用项目进行审计、评估和后期管理，跟踪落实效果，并根据落实中存在的问题，及时对资金使用方向、办法进行调整，加大对市州、区县和重点企业的奖励，提高奖励标准，分层次、分类别对进出口增长较快、对全省贡献较大的单位予以重奖，提高全社会重视、开展对外贸易的积极性，进一步提高行政效率，改善服务，加强与财政、海关、检验、检疫、税务、外汇、信用保险、银行等部门沟通与协作，及时解决进出口企业退税、融资、通关等困难和问题。

为了充分发挥外贸出口在全省经济发展中的拉动作用，要加强外贸促进工作。第一，注重因势利导，创造鼓励出口的良好环境；第二，把国家、省政府对外贸促进的政策及时贯彻到企业，争取政府的支持，为企业服好务；第三，加强湖南自主出口品牌建设，培育和发展一至两个具有较强国际竞争力的湖南出口品牌。

综上所述，湖南只有抓住机遇，勇敢迎接挑战，利用有效措施改进不足，才可以在全球化不断深入的国际浪潮下更加深入地发展对外经济。

第三章

发展形势篇

第一节　我国对外经济合作竞争力演变趋势

近年来，我国对外经济竞争合作大有作为，推动了我国经济发展，也为全球经济企稳回升做出积极贡献。随着全球化和经济一体化的加快，"引进来"与"走出去"已经成为我国与全球经济相互融合的主旋律。《论发展中国家对外直接投资理论对我国企业实施"走出去"战略的借鉴意义》一文中提到，近几年，我国对外经济合作快速发展，规模不断扩大，合作领域日趋广阔，以对外经济技术援助、吸引利用外资、对外承包工程及劳务合作等为内容的对外经济合作取得前所未有的发展。本书中指的"对外经济合作"泛指包括贸易、投资、金融、技术合作、宏观经济等不同领域在内的我国与外部经济体之间所开展的广泛经济合作。本书先分析我国对外经济合作的现状及特点，接着对我国对外经济合作中找出存在的问题进行分析，并针对这些问题给出合理的建议，以促进我国对外经济合作更好地发展。

一、不同年份我国经济合作竞争力评价指标体系的构建及评价方法

(一) 构建评价指标体系

对我国各年份对外经济合作竞争力演变趋势进行科学评价的前提是评价指标的选取,马国瑞(2015)通过对劳动力、劳务输出、对外贸易、相应对策等方面设计了评价指标体系对我国国际竞争力的动态分析与提升战略进行评价;陈友骏(2013)通过对我国对外经济合作、理论、内核、发展等方面设计了评价指标体系,对对外经济合作与我国经济增长关系的理论进行分析;朱保金通过对外承包工程、服务贸易、境外投资等方面设计了评价指标体系对对外经济合作与我国经济增长关系的现状进行分析;卢朋(2017)通过对对外劳务合作、发展特征、"一带一路"倡议、劳动力跨国流动等方面设计了评价指标体系,对我国国际竞争力的政府战略部署进行评价;鄂立彬(2014)通过对对外投资、间接征收等方面设计了评价指标体系对我国国际竞争力的对外投资和关税进行分析。综合以上文献,笔者认为对于其竞争力演变趋势评价的指标不仅要能全面反映我国国际经济合作政策以及外部环境,还需要对其量化。因此,遵循科学性、可比性、全面性及可行性原则,并考虑数据信息收集的可行性,本书从对外承包工程、对外劳务合作等指标构建了评价指标体系(见表3-1)。

表3-1 我国对外经济合作竞争力演变趋势评价指标体系

目标层	二级指标	三级指标
我国对外经济合作竞争力评价指标体系	对外承包工程	合同数
		合同金额
		完成营业额
		年末在外人数
	对外劳务合作	派出劳务人数
		年末在外人数
		对外投资
		出口额

（二）评价方法

根据规模以上对外经济合作竞争力分类标准，本书包括 1979~2015 年对外承包工程、对外劳务合作、对外投资净额、出口额的评价，采用主成分分析法来评价。具体步骤如下：

第一步，进行数据收集及整理。根据各年份我国对外经济合作竞争力评价指标体系所需数据进行原始数据采集，为消除量纲或数量级的不同，进行标准化处理。

$$X_{ij} = (x_{ij} - X_j)/S_j \tag{3-1}$$

其中，X_{ij} 为标准化后的数据，X_j 为第 j 个指标的平均数，S_j 为标准差。

第二步，建立样本数据相关系数矩阵。样本数据标准化后，针对各指标建立系数相关矩阵 $R = (r_{ij})$，其中，$r_{ij} = \frac{1}{n-1}\sum_{k=1}^{n} X_{ki}X_{kj}$。计算 R 的特征值 λ_i 与特征向量 h_i。

第三步，计算各主成分方差贡献率及累计贡献率，并选取 K 个主成分。方差贡献率表示主成分的方差在总方差中的比重，累计贡献率表明前 K 个主成分提取原有指标的信息量。K 个主成分得分计算公式为：

$$F_1 = h_{11}ZX_1 + h_{21}ZX_2 + \cdots + h_{p1}ZX_p \tag{3-2}$$

$$F_2 = h_{12}ZX_1 + h_{22}ZX_2 + \cdots + h_{p2}ZX_p$$

$$\cdots$$

$$F_p = h_{1m}ZX_1 + h_{2m}ZX_2 + \cdots + h_{pm}ZX_p$$

其中，F_p 为主成分得分。

第四步，计算主成分的得分与各样本综合得分。将标准化后的数字分别代入 K 个主成分得分计算公式，得到主成分得分。最后以各主成分方差贡献率为权重，构造样本综合得分模型。

$$F = w_1F_1 + w_2F_2 + \cdots + w_pF_p \tag{3-3}$$

第五步，计算综合主成分值并进行我国对外经济合作竞争力评价与研究。

二、我国对外经济合作竞争力演变趋势评价

（一）采集原始数据

本书根据 11 个年份数据以及对外经济合作竞争力评价指标体系，选取《中华人民共和国商务部公告》中的统计数据，在对外承包工程、对外劳务合作、对外投资净额以及出口额主要指标体系提出数据，如表 3-2 所示。

表 3-2 2005~2015 年对外经济数据

对外承包工程				对外劳务合作			对外投资（亿美元）	出口额（亿美元）
合同数（份）	合同金额（亿美元）	完成营业额（亿美元）	年末在外人数（万人）	派出劳务人数（万人）	年末在外人数（万人）			
9502	296.14	217.63	14.48	18.34	41.87	122.6	7619.5
12996	660.05	299.93	19.86	21.48	47.52	211.6	9689.8
6282	776.21	406.43	23.6	21.49	50.51	265.1	12204.6
5411	1045.62	566.12	27.16	22.49	46.71	559.1	14306.9
7280	1262.1	777.06	32.69	18.01	45.03	565.3	12016
9544	1343.67	921.7	37.65	18.68	47.01	688.1	15777.5
6381	1423.32	1034.24	32.45	20.91	48.84	746.5	18983.8
6710	1565.29	1165.97	34.46	27.84	50.56	878	20487.1
11578	1716.29	1371.43	37.01	25.57	48.26	1078.4	22090
7740	1917.56	1424.11	40.89	29.26	59.69	1231.2	23427.5
8662	2100.74	1540.74	40.86	27.68	61.83	1456.7	16641.1

（二）进行数据标准化处理与相关分析

运用 SPSS 统计分析软件对 2005~2015 年我国对外经济合作竞争力演变趋势进行标准化处理。对原始数据进行标准化处理，所以在得到计算结果后的变量都是指经过标准化处理后的变量，并同时通过系数相关矩阵相关选项得到相关矩阵，如表 3-3 所示。

第三章 发展形势篇

表 3-3 相关系数矩阵

	合同数	合同金额	完成营业额	年末在外人数（对外承包）	派出劳务人数	年末在外人数（对外劳务）	对外投资（亿美元）	出口额（亿美元）
合同数	1	-0.128	-0.064	-0.146	-0.057	-0.12	-0.073	-0.165
合同金额	-0.128	1	0.983	0.966	0.725	0.764	0.978	0.853
完成营业额	-0.064	0.983	1	0.939	0.736	0.725	0.98	0.879
年末在外人数（对外承包）	-0.146	0.966	0.939	1	0.584	0.664	0.915	0.829
派出劳务人数	-0.057	0.725	0.736	0.584	1	0.812	0.776	0.748
年末在外人数（对外劳务）	-0.12	0.764	0.725	0.664	0.812	1	0.799	0.572
对外投资	-0.073	0.978	0.98	0.915	0.776	0.799	1	0.821
出口额	-0.165	0.853	0.879	0.829	0.748	0.572	0.821	1

由表3-3可知，合同数、合同金额、完成营业额、年末在外人数之间相关性比较强，证明它们存在信息上的重叠。因此，需进行主成分的选取，明确对于规模以上工业企业竞争力贡献的主要指标。

（三）主成分提取

主成分个数提取原则为主成分对应的特征值大于1的前m个主成分。特征值在某种程度上可以被看成表示主成分影响力度大小的指标，如果特征值小于1，说明该主成分的解释力度还不如直接引入一个原变量的平均解释力度大，因此，一般可以用特征值大于1作为纳入标准。通过SPSS软件进行因子分析，得到总体方差分析表（见表3-4）。

通过表3-4（方差分解主成分提取分析）可知，提取1个成分，即m=1说明有三个主成分对于规模以上工业企业竞争力影响较大。同时在进行因子分析的过程中，得到了各因子得分系数。

（四）竞争力综合得分

这个新变量的表达还不能从输出窗口中直接得到，需要将其特征向量运用

表 3-4 总体方差分析

成分	初始特征值			提取平方和载入		
	合计	方差的%	累积%	合计	方差的%	累积%
1	5.914	73.923	73.923	5.914	73.923	73.923
2	0.998	12.47	86.394			
3	0.612	7.647	94.041			
4	0.344	4.302	98.343			
5	0.083	1.038	99.38			
6	0.036	0.451	99.831			
7	0.008	0.1	99.931			
8	0.006	0.069	100			

SPSS 描述性功能求出来，与标准化后的数据相乘，然后就可以得出主成分表达式，即主成分综合模型如下：

$$F_1 = -0.06 \times ZX_1 + 0.4 \times ZX_2 + 0.4 \times ZX_3 + 0.38 \times ZX_4 + 0.34 \times ZX_5 + 0.34 \times ZX_6 + 0.40 \times ZX_7 + 0.37 \times ZX_8 \quad (3-4)$$

通过上述新变量，代入经标准化处理的数据可以计算变量的得分值，然后以每个主成分所对应的特征值占所提取主成分总的特征值之和的比例作为权重计算主成分综合模型，得到综合模型如下：

$$F = -0.06Z \times 1 + 0.4Z \times 2 + 0.4Z \times 3 + 0.38Z \times 4 + 0.34Z \times 5 + 0.34Z \times 6 + 0.40Z \times 7 + 0.37Z \times 8 \quad (3-5)$$

由表 3-5 可知我国对外经济合作竞争力呈现出整体上升趋势，竞争力逐年加强，但受 2009 年金融危机的影响我国对外经济合作竞争力明显下降，在 2010 年之后逐步回升。2013~2014 年我国对外经济合作竞争力迅速上升。

三、我国对外经济合作竞争力的影响因素分析

（一）变量选取

在构建我国对外经济合作演变趋势影响因素变量之前，先对现有的文献展开

表 3-5　我国对外经济合作竞争力评价结果

年份	F	年份	F
2005	-4.05	2011	0.37
2006	-2.72	2012	1.64
2007	-1.81	2013	1.88
2008	-0.99	2014	3.57
2009	-1.14	2015	3.47
2010	-0.23		

回顾，主要研究思路是探讨 FDI 对进出口贸易及经济增长的促进作用。例如，连飞、李晓晨（2008）利用 1983~2006 年的数据实证分析得出：我国 FDI、对外贸易与经济增长之间已经形成了良好的互动关系，FDI 促进进出口贸易 GDP 的增长。张振强（2017）基于 VAR 模型的 FDI、对外贸易与经济增长关系的动态分析，证明了三者之间存在长期的均衡关系。

此外，关于进出口贸易影响因素的相关文献主要从两个视角进行研究，一个视角探讨国际环境对我国进出口贸易的影响，另一个视角是从国内视角探讨我国进出口贸易的影响因素和政策。国内宏观环境方面研究成果众多，如韩德光（2001）的实证数据研究得出汇率和国民收入是影响我国对外贸易进口额的主要因素；通过计量检验认为 GDP、人民币对美元年均汇价、实际利用外资额、对外经济合作完成额是影响中国对外贸易总额的四个因素；朱德贵（2006）根据波氏模型、邓宁模型并结合我国的具体情况，认为技术、人才、市场、政府和 FDI 是影响我国对外贸易竞争能力的重要因素。

（二）数据获取

本书主要对 2005~2015 年我国对外经济合作竞争力演变趋势进行测度分析。所有的数据均来自中华人民共和国商务部数据统计网"历年中国统计年鉴"，确保了数据的合理性。

（三）实证过程与分析

选取 GDP、FDI、贸易顺差和进口额四个变量（见表 3-6），通过 SPSS 系统分析这四个变量对我国对外经济合作的影响,原始数据如表3-7所示。

表3-6 影响因素变量选取

变量	变量代码	变量说明
进口额	X_1	进口额是进口的货物的金额,即是用人民币计价或者美元或者其他货币计价的金额
GDP	X_2	GDP是国内生产总值货币形式表现的一个国家所有常住单位在一定时期内生产活动的最终成果
贸易顺差	X_3	贸易顺差是指在特定年度一国出口贸易总额大于进口贸易总额,又称"出超",表示该国当年对外贸易处于有利地位
FDI	X_4	外商直接投资,是一国的投资者

表3-7 变量原始数据

项目 年份	GDP (亿元)	FDI (亿美元)	贸易顺差 (亿美元)	进口额 (亿美元)
2005	183084.8	890.77	1019	6599.5
2006	211923.8	910.1	1774.7	7914.6
2007	249530.6	915.2	1960.7	9561.2
2008	300670	923.96	2900	11325.7
2009	340507	900.33	1960.7	10059.2
2010	397980	820.03	1831	13962.4
2011	471564	1160.13	1551.4	17434.8
2012	519322	1117.16	2311	18184
2013	568845	1175.86	2600	19499.9
2014	636463	1195.63	3824	19602.9
2015	677000	1262.7	3726	12400.2

表3-8给出了线性回归分析的结果,回归方程和回归系数都通过了显著性检验。由表3-8可知,GDP和贸易顺差通过了显著性检验,因此,GDP和贸易顺差是影响我国对外经济合作的重要因素。这是因为GDP越高,说明我国生产需求越来越多,进口额则会随之增加。2016年,全年进出口总额243344亿元,

比上年下降0.9%，降幅比上年收窄6.1个百分点。近几年，我国国民经济保持快速增长，经济总量跃居世界第四位。我国的国际地位日益提高，外商对我们的信任度也日益提高，吸引了大量外资，增加了我国对外经济合作的竞争力。

表3-8 回归分析结果

模型	非标准化系数		标准系数	t	Sig.
	B	标准误差	试用版		
（常量）	-5.896	0.853		-6.914	0.000
GDP	0.000	0.000	0.747	6.861	0.000
FDI	-0.001	0.001	-0.067	-0.925	0.091
贸易顺差	0.001	0.000	0.236	4.194	0.006
进口额	0.000	0.000	0.147	2.335	0.058

我国的贸易顺差带来了大量的就业机会，当然这也符合我国在国际分工中的地位、发展阶段和自身的优势。贸易顺差对于提高我国的国际偿付能力，应对世界金融危机，改善国内产业水平，推动技术进步，增强抗风险能力具有不可忽视的作用。我国正处于加快经济结构调整和转变增长方式的关键时期，利用贸易顺差取得的外汇收入，可以引进国际先进技术与工艺，购置生产所必需的资本品、原材料、机器设备等，发挥发展中国家的"后发优势"，充分利用对外贸易的"学习效应"，以国际先进的生产、管理技术武装国内企业，提高企业的生产效率和创新能力，淘汰落后产能，改变传统产业格局，加快产业结构升级步伐，提升我国在国际上的总体竞争力。

四、2005~2015年我国对外经济合作竞争力演变趋势分析与启示

（一）商品贸易

近年来，我国出口总额一路攀升，由2005年的7619.5亿美元增长到2015年的16641.1亿美元，年均增长速度8%。其中2003年与2004年增长速度最快，分别为37.1%和35.7%。受金融危机的影响，2009年我国货物出口额有所下降，

降幅为13.9%,但2010年之后又快速增长,2014～2015年出口额迅速下降(见图3-1)。

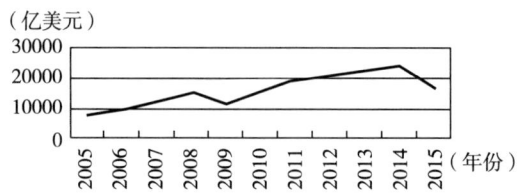

图3-1 我国货物出口额发展趋势

(二)对外直接投资

由图3-2可知,在我国对外投资方面,近十年稳步增长,由2005年的122.6亿美元增长为2015年的1456.7亿美元,其中2010年、2012年、2013年、2014年以及2015年的增速均在10%以上,分别为17.4%、17.6%、22.8%、14.1%、18%。

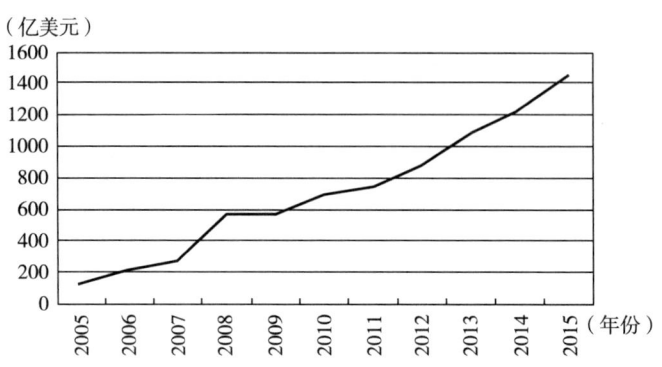

图3-2 我国对外投资额发展趋势

在我国对外投资方面,近几年一直处于稳步高速增长的阶段,2005～2015年累计对外投资7802.6亿美元。其中2005年与2008年较上一年的增速都在百分之百以上,除 2009 年受金融危机的影响外,其他年份最低增速也都超过 15%。

(三)工程承包

根据统计年鉴数据可知,2005~2015 年我国对外工程承包合同金额累计达到 14106.99 亿美元,完成营业额累计达到 9725.36 亿美元,并且近年来我国的对外工程外包发展较快。图 3-3 为 2005~2015 年我国对外工程承包情况,从图中可以看出:我国对外工程承包合同金额与完成营业额都在逐年增加。其中,合同金额 2006 年增速最快,跨越性增长 128.9%,从 291.14 亿美元增加到 660.05 亿美元,其余各年份都保持 10% 以上的稳定增长;相对来说,完成营业额增长十分平稳,增速在 20%~40%。

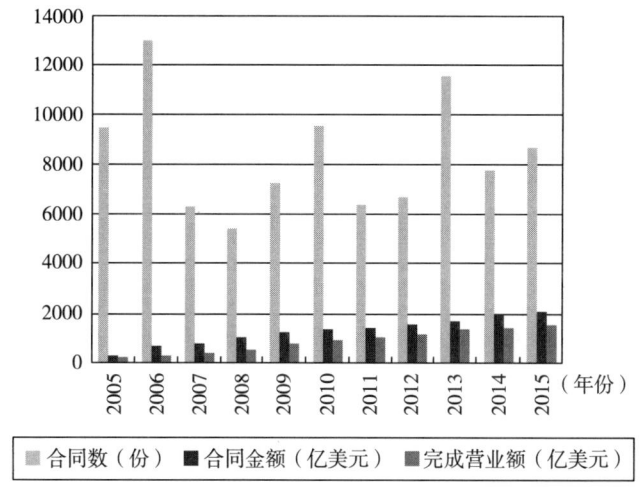

图 3-3 我国对外工程承包情况发展趋势

(四)劳务合作

相对工程承包,我国对外劳务合作增长相对缓慢。我国派出劳务人数一直相对稳定,除 2009~2011 年受金融危机的影响,我国派出劳务人数减少;在外人数在 2005~2008 年、2013~2015 年处于快速增长阶段外,其余年份一直处于稳定阶段（见图3-4）。

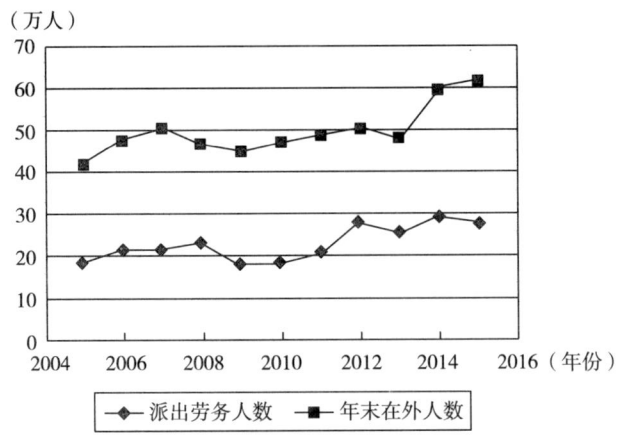

图3-4 我国劳务合作发展趋势

五、启示与建议

长期以来，我国都处于粗放型的经济增长模式，外贸结构的不合理导致我国长期的贸易顺差，对我国经济的稳定增长形成较大压力。对此，提出以下建议：

（一）政府方面

（1）为了促进我国对外直接投资的优化发展，政府首先应该根据国民经济发展状况、产业结构、国家战略、比较优势等对我国企业对外投资区域、产业、方式在总体上给予指导和建议。

（2）逐步完善对外投资法律体系，改变我国投资法律向引资一边倒的现状，广泛参考其他国家的做法，出台关于明确对外投资主体、投资方式、审批程序、经营管理、外汇管理等各个方面的法律法规。同时成立对外投资的专门管理机构，简化管理程序，提高管理效率。

（3）国家还应加大企业对外投资的金融支持，可以通过成立专门的对外投资基金提供给企业资金，逐步规范企业对外投资融资秩序，降低融资程序的复杂性及企业融资成本和风险。

(二）企业方面

（1）我国要从劳动密集型产业向资本密集型、技术密集型产业进行转变，增加高层次服务业的投资力度，优化投资结构，提高投资收益率。

（2）改变投资区域集中的现状，实现投资区域多元化，利用不同区域的区位优势进行价值链的分拆和重组，增强产业的竞争优势。

（3）注意积极进行跨国经营人才的储备，培养熟悉贸易、金融、投资、财务、法律、会计的专业人才，为企业的对外投资提供各个方面的参考，增强企业对外投资的信心，提高对外投资的成功率。

第二节　我国出口货物竞争趋势演变

我国出口货物金额呈不断上升趋势，发展态势良好，进出口货物的发展为我国经济发展注入强大动力，我国经济的发展为进出口货物的增长提供强大支撑。如今，我国进出口贸易在世界上占重要比重，对外贸易在我国经济腾飞的进程中有着不可磨灭的功劳，但我们须认识到对外贸易是一把"双刃剑"，控制贸易差额在合理的规模中变化，可以更好地扩大内需，加快国内的经济增长，使经济效用最大化，并且能减少贸易摩擦，减少由自然、政治等不可抗因素带来的风险。但若对外贸易发展失衡，只会适得其反，后果也会很严重。因此研究我国进出口总额、进口总额、出口总额，进出口差额与我国哪些经济因素有关，具有深刻的现实意义，有利于国家制定宏观经济政策，为我国接下来对外贸易发展指明方向，提高在世界市场的竞争力，同时，有利于促进我国国内经济的发展，提高国民经济水平。因此，本书着重分析各因素对我国出口贸易总额的影响。

一、我国出口贸易总额评价指标

在选取变量之前，先对以往的文献资料进行回顾，关于影响我国出口货物总额的影响因素的理论较多，出口总额是指实际进入我国国境的货物总金额，不仅包括实际出口货物，还包括国家之间、国际组织之间相互赠送的货物，从保兑仓库提取但是在中国境内销售的商品等。它可以用来衡量一个国家对外贸易的总规模大小和经济发展水平。虽然我国汇率波动的幅度一直都不是很大，发展比较平稳，但还是将其作为一项因素引进。在袁明、董晓文、周丽晖（2016）的基于线性回归模型的中国进出口总额影响因素分析中得出，居民消费在一定程度上会对进出口的数额产生影响，而国内生产总值和物价指数又会影响到人们的消费水平。因此，针对于消费，我们选择的经济变量包括 GDP 和 CPI。

根据我国出口贸易划分标准，1994~2015 年我国出口总额主要分为两大类：一是初级产品，二是工业制成品。在初级产品中，主要有食品及主要供食用的活动物，饮料及烟类，矿物原料、润滑油及有关原料等，在工业制成品中，主要有化学品及有关产品，轻纺产品、橡胶制品、矿冶产品及其制品，机械及运输设备等，表3－9是1994~2015年中国货物出口总额发展的评价指标体系。

表3－9 1994~2015年我国货物出口总额发展的评价指标体系

目标层	二级指标	三级指标
1994~2015 年我国货物出口总额发展的评价指标体系	初级产品	食品及主要供食用的活动物
		饮料及烟类
		非食用原料
		动植物油脂及蜡
		矿物原料、润滑油及有关原料
	工业制成品	化学品及有关产品
		轻纺产品、橡胶制品、矿冶产品及其制品
		机械及运输设备
		杂项制品
		未分类的其他商品

二、我国出口贸易总额评价过程

本书根据《中国统计年鉴》（2016）选取了1994~2016年的人民币汇率、实际使用投资、国民生产总值、居民消费水平四个影响因素的数据，并在中国知网上查询了相关理论知识加以补充,确保数据的合理性。根据《中国统计年鉴》(2016)的数据收集,本书选取了1994~2016年的出口贸易总额的数据,采用主成分分析法来进行评价,具体步骤如下。

(一)原始数据的收集

本书根据出口总额的评价指标体系,选取《中国统计年鉴》(2016)中的统计数据,在1994~2015年出口总额变化的主要指标体系提出数据如表3-10所示。

(二)进行数据标准化处理与相关分析

运用SPSS统计分析软件对1994~2015年出口总额的指标进行标准化处理,以消除无量纲与数量级的不同。通过SPSS自动对原始数据进行标准化处理,所以在得到计算结果后的变量都是指经过标准化处理后的变量,并通过系数相关矩阵相关选项同时得到相关矩阵,如表3-11所示。

从表3-11可知指标存在着极其显著的关系,可见许多变量之间直接的相关性比较强,证明它们存在信息上的重叠。因此,须进行主成分的选取,明确对于规模以上工业企业竞争力贡献的主要指标。

(三)主成分提取

主成分个数提取原则为主成分对应的特征值大于1的前m个主成分。特征值在某种程度上可以被看成是表示主成分影响力度大小的指标,如果特征值小于1,说明该主成分的解释力度还不如直接引入一个原变量的平均解释力度大,因此,一般可以用特征值大于1作为纳入标准。通过SPSS软件进行因子分析,得到总体方差分析表(见表3-12)。

通过表3-12(方差分解主成分提取分析)可知,提取两个主成分,即m=2。说明有两个主成分对于中国出口货物总额影响较大。同时在进行因子分析的过程中,得到了各因子得分系数(见表3-13)。

(四)竞争力综合得分

新变量的表达还不能从输出窗口中直接得到,需要将其特征向量运用SPSS

开放型经济发展的评价与思考

表3-10 1994~2015年出口货物总额的原始数据

单位：亿元

年份	总额	初级产品	食品及主要供食用的活动物	饮料及烟类	非食用原料	矿物燃料、润滑油及有关原料	动植物油脂及蜡	工业制成品	化学品及有关产品	轻纺产品、橡胶制品、矿冶产品及其制品	机械及运输设备	杂项制品	未分类的其他商品
1994	1210.06	197.08	100.15	10.02	41.27	40.69	4.95	1012.98	62.36	232.18	218.95	499.37	0.12
1995	1487.80	214.85	99.54	13.70	43.75	53.32	4.54	1272.95	90.94	322.40	341.07	545.48	0.06
1996	1510.48	219.25	102.31	13.42	40.45	59.31	3.76	1291.23	88.77	284.98	353.12	564.24	0.12
1997	1827.92	239.53	110.75	10.49	41.95	69.87	6.47	1588.39	103.21	344.32	437.09	704.67	0.04
1998	1837.12	204.89	105.13	9.75	35.19	51.75	3.07	1632.20	102.27	234.77	502.17	702.00	0.05
1999	1949.31	199.41	104.58	7.71	39.21	46.59	1.32	1749.90	103.73	2332.62	288.36	725.10	0.09
2000	2492.03	254.60	122.82	7.45	44.62	78.55	1.16	2237.41	120.98	425.46	826.00	862.78	2.21
2001	2660.98	263.38	127.77	8.73	41.72	84.05	1.11	2397.60	133.52	438.13	949.01	871.10	5.84
2002	3255.96	285.40	146.21	9.84	44.02	84.36	0.98	2970.56	153.25	529.55	16269.76	1011.53	6.48
2003	4382.28	348.12	175.31	10.19	50.32	111.14	1.15	4043.16	195.81	690.18	1877.73	1260.88	9.56
2004	5933.26	405.49	188.64	12.14	58.43	144.80	1.48	5527.77	263.60	1006.46	2682.60	1563.98	11.12
2005	7619.53	490.37	224.80	11.83	74.84	176.22	2.68	7129.16	357.72	1291.21	3522.34	1941.83	16.06
2006	9689.78	529.19	257.23	11.93	78.60	177.70	3.73	9160.17	445.30	1748.16	4563.43	2380.14	23.15
2007	12200.60	615.09	307.43	13.97	91.16	199.51	3.03	11562.67	603.24	2192.77	5770.45	1968.44	21.76
2008	14306.93	779.57	327.62	15.29	113.19	317.73	5.74	13527.36	793.46	2623.91	6733.29	3359.59	17.10
2009	12016.12	631.12	236.28	16.41	81.53	203.74	3.16	11384.83	620.17	1848.16	5902.74	3997.47	16.29
2010	15777.54	816.86	411.48	19.06	116.03	266.73	3.55	14960.69	875.72	2491.08	7802.69	3776.52	14.68
2011	18983.81	1005.45	504.93	22.76	149.77	322.74	5.26	17978.36	1147.88	3195.60	9017.74	4593.70	23.43
2012	20487.14	1005.58	520.75	25.90	143.41	310.07	5.44	19481.56	1135.65	3331.41	9643.61	5359.72	14.17
2013	22090.04	1072.68	557.26	26.09	145.63	337.86	5.84	21017.36	1196.18	3606.06	10385.34	5812.49	17.29
2014	23422.93	1126.92	589.14	28.83	158.26	344.46	6.23	22296.01	1345.43	4002.24	10705.04	6220.62	22.67
2015	22734.68	1039.27	581.54	33.09	139.17	279.02	6.45	21695.41	1295.80	3910.18	10591.18	5874.45	23.81

第三章 发展形势篇

表 3-11 相关系数矩阵

	X_1	X_2	X_3	X_4	X_5	X_6	X_7	X_8	X_9	X_{10}	X_{11}	X_{12}	X_{13}
X_1	1.000	0.997	0.990	0.927	0.989	0.969	0.606	1.000	0.996	0.947	0.732	0.984	0.850
X_2	0.997	1.000	0.989	0.919	0.995	0.980	0.611	0.997	0.996	0.938	0.730	0.981	0.846
X_3	0.990	0.989	1.000	0.941	0.986	0.947	0.612	0.990	0.992	0.938	0.733	0.971	0.816
X_4	0.927	0.919	0.941	1.000	0.912	0.839	0.709	0.927	0.940	0.863	0.665	0.937	0.682
X_5	0.989	0.995	0.986	0.912	1.000	0.976	0.637	0.988	0.992	0.937	0.711	0.966	0.829
X_6	0.969	0.980	0.947	0.839	0.976	1.000	0.570	0.969	0.962	0.905	0.708	0.943	0.862
X_7	0.606	0.611	0.612	0.709	0.637	0.570	1.000	0.606	0.633	0.545	0.288	0.607	0.358
X_8	1.000	0.997	0.990	0.927	0.988	0.969	0.606	1.000	0.996	0.948	0.732	0.984	0.850
X_9	0.996	0.996	0.992	0.940	0.992	0.962	0.633	0.996	1.000	0.947	0.726	0.983	0.821
X_{10}	0.947	0.938	0.938	0.863	0.937	0.905	0.545	0.948	0.947	1.000	0.665	0.929	0.789
X_{11}	0.732	0.730	0.733	0.665	0.711	0.708	0.288	0.732	0.726	0.665	1.000	0.723	0.652
X_{12}	0.984	0.981	0.971	0.937	0.966	0.943	0.607	0.984	0.983	0.929	0.723	1.000	0.798
X_{13}	0.850	0.846	0.816	0.682	0.829	0.862	0.358	0.850	0.821	0.789	0.652	0.798	1.000

表 3-12 解释的总方差成分

	初始特征值			提取平方和载入		
	合计	方差的%	累积%	合计	方差的%	累积%
1	10.809	83.146	83.146	10.809	83.146	83.146
2	1.032	7.938	91.084	1.032	7.938	91.084
3	0.601	4.627	95.710			
4	0.300	2.309	98.019			
5	0.121	0.932	98.951			
6	0.076	0.581	99.532			
7	0.030	0.232	99.764			
8	0.017	0.127	99.891			
9	0.007	0.057	99.948			
10	0.004	0.033	99.981			
11	0.002	0.018	99.998			
12	0.000	0.002	100.000			
13	3.624E-8	2.788E-7	100.000			

表 3-13 各因子得分系数矩阵

年份	F	F_1	F_2	年份	F	F_1	F_2
1994	-2.06	-2.15	-1.08	2005	-0.02	-0.02	-0.05
1995	-1.85	-1.93	-1.02	2006	0.6	0.64	0.1
1996	-1.93	-2.03	-0.94	2007	1.24	1.33	0.23
1997	-1.64	-1.69	-1.21	2008	2.7	2.96	-0.01
1998	-2.13	-2.25	-0.87	2009	1.38	1.52	0.05
1999	-1.93	-2.06	-0.65	2010	2.9	3.17	0.17
2000	-2.05	-2.2	-0.54	2011	4.54	4.94	0.44
2001	-1.97	-2.12	-0.43	2012	4.85	5.32	0.16
2002	-1.06	-1.13	-0.34	2013	5.39	5.9	0.28
2003	-1.35	-1.45	-0.25	2014	6.05	6.6	0.46
2004	-0.76	-0.82	-0.17	2015	5.69	6.22	0.38

描述性功能求出来，与标准化后的数据相乘，然后就可以得出主成分表达式如下：

$$F_1 = 0.30 \times Z_1 + 0.30 \times Z_2 + 1 + 0.30 \times Z_2 + 0.30 \times Z_3 + 0.29 \times Z_4 + 0.30 \times Z_5 + 0.29 \times Z_6 + 0.22 \times Z_7 + 0.30 \times Z_8 + 0.30 \times Z_9 + 0.29 \times Z_{10} + 0.24 \times Z_{11} + 0.30 \times Z_{12} - 0.04 \times Z_{13}$$

(3-6)

$$F_2 = 0.05 \times Z_1 + 0.04 \times Z_2 + 0.03 \times Z_3 - 0.11 \times Z_4 + 0.06 \times Z_5 + 0.06 \times Z_6 - 0.21 \times Z_7 + 0.05 \times Z_8 + 0.06 \times Z_9 + 0.01 \times Z_{10} + 0.01 \times Z_{11} + 0.02 \times Z_{12} + 0.96 \times Z_{13}$$

(3-7)

（五）1994~2015 年出口货物总额变化的分析

从综合评价结果来看，总额整体呈上升趋势。2015 年，在国际市场不景气、世界贸易深度下滑的背景下，我国货物贸易进出口和出口额稳居世界第一，国际市场份额进一步扩大，贸易结构持续优化，质量效益继续提高，成绩来之不易。在我国经济转型的形势下，2008 年金融危机之后，世界经济一直尚未完全复苏，近年来，世界进出口市场低迷，我国经济也受到较大影响，同时随着我国人口红利的逐渐消失，我国的出口贸易将会受到很大影响，但是相比于其他国家，我国受到的影响相对较小，预计未来短期内，我国国际贸易量将会维持在高位稳定，预计我国贸易情况将会继续保持活跃，总量将不断增加。

从初级产品和工业制成品两大类来看，初级产品提升慢、占比小；说明我国经济转型在出口贸易结构方面取得重大成就；我国出口贸易总额以工业制成品贸易额为主，且我国工业制成品贸易占比出口贸易的比例不断提高，提升幅度大，这表明我国出口贸易发展良好。

从初级产品看，食品及主要供食用的活动物占比最大，动植物油脂及蜡、饮料及烟类占比较小，其他类产品居中间。主要以出口食物为主，说明我国的贸易得到改善，保护了国内的自然资源，农产品发展良好。

从工业制成品来看，总体发展状况良好。其中，机械及运输设备占比最大，这也说明了我国制造业的飞速发展；化学品及有关产品占工业制成品总量的比重增长幅度并不大，基本维持在10%；轻纺产品、橡胶制品、矿冶产品及其制品分类变化比较大，从1994~1998年下降幅度最大，不过在1999~2008年一直维持在19%的比率；杂项制品的发展阶段不大一样，1994~2008年处于比率下降阶段，比率的高峰下降到24.84%。

三、我国出口货物竞争趋势的影响因素分析

（一）回归分析

本书是针对我国1994~2015年货物出口总额变化，对影响其因素国民生产总值、人民币汇率、外商直接投资额、居民消费总额进行具体分析，数据来源于中国统计年鉴。

本部分利用SPSS软件采取线性回归逐步分析方法，研究影响出口货物总额的因素，进而了解其对出口货物总额的影响程度，然后建立它们的统计关系的方程式。具体操作方式是我们以出口货物金额发展趋势（y）作为因变量，以国民生产总值（x_1）、人民币汇率（x_2）、外商直接投资额（x_3）、居民消费总额（x_4）的相关变量作自变量，进行回归分析，得到的结果如表3-14所示。

开放型经济发展的评价与思考

表 3 – 14　回归分析结果

模型	非标准化系数		标准系数	t	Sig.
	B	标准误差	试用版		
（常量）	-2.889	0.272		-10.603	0.000
x_1	1.391E-5	0.000	0.983	19.786	0.000
x_2	-2.064	0.363		-5.691	0.000
x_3	3.857E-5	0.000	2.724	4.478	0.001
x_4	0.000	0.000	-1.746	-2.869	0.013

注：因变量为 y。

从表 3 – 14 可以看出，回归方程和回归系数都通过了显著性检验。可知，样本回归直线对样本的拟合优度非常高。

（二）实证结果分析

1. 国内生产总值对进出口总额起着至关重要的作用

经济意义的检验：从表 3 – 14 分析模型可看出各个变量对被解释变量的影响。GDP 与出口贸易总额成正相关关系，即 GDP 增加，进出口贸易总额也会增加。货物出口总额的增长促进国家 GDP 的增长，货物出口总额与 GDP 是一种正相关的关系。且由以上对货物出口总额与 GDP 关系的分析，可知进出口总额与 GDP 之间存在定量的正相关关系，因此，增加货物出口总额对于我国 GDP 的增长是有重要意义的。在 1994~2015 年，我国在贸易方面不断对外开放的同时，我国货物出口总额不断逐年增长，在货物出口总额的影响下，我国 GDP 也呈现逐年增长的趋势。可见，货物出口的不断发展促进了国家经济的发展。国家的经济实力越发达，它的 GDP 就越大，从而增大对国外商品的需求，加大国际间的贸易来往与合作，结果使这个国家的进出口总额增大。所以，一个国家的 GDP 与进出口总额有正相关关系。

2. CPI 的快速上涨将对出口额产生巨大影响

CPI 反映的是前一段的经济运行情况，其上涨表示原材料、人力成本等的上涨，对出口产品，尤其是对于那些以廉价劳动力为主要竞争力的产品来说，出口产品的成本将上涨，如果出口产品价格不变，则出口企业的利润将急剧下降。出口企业的出口积极性将受到打击，国家的出口量将受到较大影响；由于人们的心理预期也受到上涨趋势影响，许多企业在接受订单时都不得不考虑未来市场价格的走向。倘若对未来市场把握不准确，碰巧原材料价格大涨，对那些本来就竞争激烈、利润微薄的企业来说，继续做下去就是亏损。因此，在CPI大涨时，许多进出口企业出于对未来市场价格的担忧，很可能放弃某些订单，从而影响整个贸易形势。从上述分析中可知，CPI的快速上涨意味着成本的上涨，必然增加企业的成本，而且我国大多数企业出口的主要是劳动密集型产品，本来利润就已经很低，再加上国家出口退税政策的调整，出口量应该急剧下降，但是出口数据显示却远非如此。究其原因，有以下两点：①我国出口与世界经济增长有3~6个月的滞后期，且由于很多出口企业提前签订了大量出口货单，我国出口具有一定刚性。②我国加工贸易比重偏大由来已久，而且短期内很难大幅下降，且加工贸易的特殊方式（来料加工，进料加工）决定了其受CPI的影响很小，这也对出口量的急剧下降产生限制作用。而劳动密集型的纺织服装、鞋类、玩具等产品一直是我国大宗出口商品，本应受CPI影响最大，但其一直是我国贸易顺差的重要来源，更是吸收我国劳动力就业的主要部门，无论是从经济方面还是社会稳定方面来讲，政府都不会让其出口量大规模下降。

3. **汇率变动对出口额的影响并不明显**

人民币汇率对于出口贸易总额的影响具有不定性。随着人民币汇率升值，在很大程度上可以通过抑制技术含量低、劳动密集型的低附加值产品的出口，鼓励技术密集型企业出口而提升出口结构层次。我们应当抓住这一契机，加速推进外贸格局的转变。把建立在比较优势基础上的价格优势，逐步转变成为建立在动态竞争优势上的品牌优势、技术优势和服务优势。

4. **外商直接投资额对出口额的影响也具有不确定性**

外商直接投资在一定程度上有利于我国出口商品结构的提升，但作用不是十分明显。我国外商直接投资大部分是投向制造业，这对我国以工业制成品为主的出口商品结构的形成确实起到了促进作用，但由于其显著的加工贸易倾向，中间品主要依靠进口，没有实现国内的供给替代，再加上跨国公司出于自身经济利益考虑，其技术外溢效应有限，这就导致外商直接投资对出口商品结构的改善作用并不如人们普遍所预期的那么明显。这充分说明在推动我国出口商品结构优化升级过程中，我们应主要依靠自身的力量，通过提高技术水平、优化产业结构来改变在国际分工中的地位，同时，通过制定相关政策积极引导外商直接向高新技术产业投资。对外经济合作越多，越会给出口贸易带来机会，从而给我国出口商创造更多的契机。因此，对外经济合作额也应该与进出口贸易总额有正相关关系。

四、结论与建议

（一）结论

通过回归分析方法，选择变量对影响我国出口贸易总额因素建模分析，可以看出，国民生产总值与居民消费总额对我国出口贸易总额有着十分重要的影响。随着居民消费总额增加，出口贸易总额不断攀升，说明我国居民消费价格总额对于出口贸易总额的影响较大，政府可以采取宏观调控居民消费总额，进而在一定程度上控制我国的出口贸易情况。对于 GDP 来说，也有着相同规律。但本次研究还有许多复杂甚至呈周期性变化的影响因素并未被我们确定为变量，这些浮动均在残差项中有所体现，对于变量选取及模型确定等许多细节问题还需更深一步的研究。尽管从模型结果分析可得出 GDP 与对外贸易存在简单的线性关系，即对外贸易的发展能促进我国 GDP 的发展，但从数据分析及相关资料的分析中不难看出这种相关性是比较粗略的、不精确的。

（二）建议

我国应转换出口观念，增强竞争优势意识。一直以来，说明国际交换理论的都是比较优势理论。各个国家按照比较优势原则加入世界分工生产适合本国生产的产品。根据传统的比较优势理论，我国应该充分发挥我国的比较优势，突出劳动密集型产品的出口。但是我们要意识到，劳动密集型产品已趋饱和，国际消费需求结构以及相应的投资需求结构已向更高层次转换。同时，传统意义上的比较优势受到制约。无论是以劳动生产率差异为基础的比较成本说，还是以生产要素供给为基础的资源禀赋说,其比较利益的前提是各国的供给条件、生产条件不可改变,资源、生产要素不能在国际间流动。那么一个国家的比较优势也就顺理成章地成为其竞争优势。

同时,积极开发高科技产品,使其成为我国未来主要出口产品。现在我国的出口结构已实现了以劳动密集型产品对初级产品的替代,这种替代能够发挥我国劳动力资源丰富的优势,也有利于增加就业机会。但是,我们的出口贸易增长是以资源和劳动力消耗的成倍增加为代价的,出口产品在数量增长的同时,价格指数下降,单位商品的价格平均每年递减1%,这说明仅靠比较优势在竞争中很难再占有优势。高科技产品不仅利润丰厚,对环境污染小,而且是出口结构转变的契机。因此我们要利用科技进步促进要素效率和要素禀赋发生变化,创造新的竞争优势。

通过模型结果我们可知,居民消费总额及国民生产总值均同进出口贸易总额成正比。所以,我国可以通过扩大内需,增加居民消费来进而间接增加出口和进口,企业及政府部门也可以考虑出国进行采购,适当控制物价;通过建模分析,我们发现汇率对于我国进出口数额的影响并不是十分显著的,因此,我国在调整汇率的政策上应该慎重,为了维护自身利益应保持自身汇率相对稳定。同样,吸引外资对于改变我国进出口贸易总额的作用也并不明显,政府部门应重视引资后相关政策和规定的配合,使资金引进起到很好的促进作用;政府的宏观调控对于我国进出口贸易同样具有相对决定性的影响;决策者应当审时度势,使政策与经济规律很好地结合,共同引导我国的进出口贸易实现良性发展和不断飞跃。

第三节　我国进口货物的演变趋势

随着近代经济全球化的日益发展,国际经济贸易的日益频繁,国家与国家之间的外向型经济发展与对外贸易也实现了新的跨越。当今世界是经济全球化的世界,经济贸易在全球各国进行发展,生产要素也通过全球市场进行自由流通和配置,企业面临的竞争也是全球所有的企业竞争,企业所面对的市场也是全球化的市场。而全球经济也从原来的单一模式变为多元模式，使各国之间对外开放的深度跟广度也都得到了进一步拓展，国家间的外向型经济进入一个快速发展阶段，其中，进出口货物迅速扩张的趋势也发挥着日趋重要的作用。在进口货物方面的表现主要体现在进口货物规模不断扩大，进口货物商品分类占比结构不断优化。

一、我国进口货物分类情况与演变趋势

要界定进口货物的演变趋势影响因素；首先需要限定进口货物的范围，找到影响因素；其次根据近三十年的进口货物分类金额，进行因素影响分析。进口货物包含了初级产品、工业制成品，细分食品及主要供食用的活动物，饮料及烟类，非食用原料，矿物燃料、润滑油及有关原料，动植物油脂及蜡，化学品及有关产品，轻纺产品，橡胶制品，矿冶产品及其制品，机械及运输设备，杂项制品，未分类的其他商品，另外从宏观来看实际利用外资金额、人民币汇率、外汇储备、外币贷款、大中型工业企业单位数这些因素也会对一个国家的进口货物数量和金额产生一定程度上的影响。随着我国经济的进一步发展、对外开放程度的加深、对外贸易增加，无论是进口货物还是出口货物都大幅度增加，近三十年我国进口货物呈上升趋势，尤其是近十年来，进口货物呈直线上升趋势。

二、近三十年我国进口货物的分类占比与演变趋势评价指标体系的构建及评价方法

（一）构建评价指标体系

对我国近三十年来进口货物的演变趋势分析，首先应该选好评价指标，何昌（2015）为了探索货物贸易进口结构与经济增长之间的关系，通过对50个国家1995~2012年的数据进行了分析；罗勇（2017）根据2000~2014年世界投入产出表数据，选取13个我国主要中间品进口来源国（包括8个发达国家和5个发展中国家），利用我国2000~2014年省级面板数据，实证分析中间品进口商品结构对我国技术创新的影响；徐远芬（2011）基于1997~2007年投入产出表的数据，利用投入产出模型，选取推动力系数测算我国各产业进口对国民经济的推动

第三章 发展形势篇

力,据此确定我国国民经济中的瓶颈产业,在此基础上计算了我国进口商品结构的合理度指数;汪琳(2011)基于汇率弹性分析了汇率影响进口商品结构的机制,通过建立我国资本密集型、劳动密集型产品进口额与人民币名义有效汇率等变量的模型、分布滞后模型以及脉冲响应函数系统,分析了人民币汇率的波动对我国进口商品结构在短期和长期的影响;刘燕等(2010)通过对我国1982~2007年的初级产品进口、工业制成品进口以及 GDP 的数据进行实证研究,认为进口贸易与经济增长之间存在着长期稳定的关系,其中工业制成品进口对经济增长有着显著的促进作用;李辉等(2017)指出,目前我国经济由高速增长转为平稳增长,经济步入新常态,消费成为拉动经济增长的动力。随着进口的规模和速度不断增大,进口结构也得到进一步优化和改善。在经济新常态下,应该采取加大财税金融支持力度,积极开拓高新技术产品进口,优化进口商品结构,提高进口便利化。综合以上文献,笔者认为对于其竞争力评价的指标不仅要能全面反映进口货物的影响因素情况,还需要对其量化。因此,遵循科学性、可比性、全面性及可行性原则,并考虑数据信息收集的可行性,本书从初级产品和工业制成品两方面构建了评价指标体系(见表3-15)。

表3-15 我国近三十年进口货物演变趋势

目标层	二级指标	三级指标
我国近三十年进口货物演变趋势	初级产品	食品及主要供食用的活动物(X_1)
		饮料及烟类(X_2)
		非食用原料(X_3)
		矿物燃料、润滑油及有关原料(X_4)
		动植物油脂及蜡(X_5)
	工业制成品	化学品及有关产品(X_6)
		轻纺产品、橡胶制品、矿冶产品及其制品(X_7)
		机械及运输设备(X_8)
		杂项制品(X_9)
		未分类的其他商品(X_{10})

其中，初级产品和工业制成品细分下的供食用的活动物，饮料及烟类，非食用原料，矿物燃料、润滑油及有关原料，动植物油脂及蜡、化学品及有关产品，轻纺产品、橡胶制品、矿冶产品及其制品，机械及运输设备，杂项制品，未分类的其他商品通过 1980～2015 年的进口货物分类金额统计表反映。根据实际数据分析哪些因素对进口货物的数额变化有较大影响，再结合 2004～2015 年的相关数据分析实际利用外资金额、人民币汇率、外汇储备、外币贷款、大中型工业企业单位数情况等其他因素，综合客观分析我国近三十年来的进口情况及其影响因素，作出演变趋势分析图表。

（二）评价方法

根据进口货物的分类，本书包括初级产品和工业制成品两大类货物，包括食品及主要供食用的活动物，饮料及烟类，非食用原料，矿物燃料、润滑油及有关原料，动植物油脂及蜡，化学品及有关产品，轻纺产品、橡胶制品、矿冶产品及其制品，机械及运输设备，杂项制品，未分类的其他商品十大因素，本书采用主成分分析法来评价。具体步骤如下：

第一步，进行数据收集及整理。根据近三十年来中国进口货物的种类进行原始数据采集，为消除量纲或数量级的不同，进行标准化处理。

$$X_{ij} = (x_{ij} - X_j)/S_j \tag{3-8}$$

其中，X_{ij} 为标准化后的数据，X_j 为第 j 个指标的平均数，S_j 为标准差。

第二步，建立样本数据相关系数矩阵。样本数据标准化后，针对各指标建立系数相关矩阵 $R = (r_{ij})$，其中 $r_{ij} = \frac{1}{n-1}\sum_{k=1}^{n} X_{ki}X_{kj}$。计算 R 的特征值 λ_i 与特征向量 h_i。

第三步，计算各主成分方差贡献率及累计贡献率，并选取 K 个主成分。方差贡献率表示主成分的方差在总方差中的比重，累计贡献率表明前 K 个主成分提取原有指标的信息量。K 个主成分得分计算公式为：

$$F_1 = h_{11}ZX_1 + h_{21}ZX_2 + \cdots + h_{p1}ZX_p \tag{3-9}$$
$$F_2 = h_{12}ZX_1 + h_{22}ZX_2 + \cdots + h_{p2}ZX_p$$
$$\cdots$$

第三章 发展形势篇

$$F_p = h_{1m}ZX_1 + h_{2m}ZX_2 + \cdots + h_{pm}ZX_p$$

其中，F_p 为主成分得分。

第四步，计算主成分的得分与各样本综合得分。将标准化后的数字分别代入 K 个主成分得分计算公式，得到主成分得分。最后以各主成分方差贡献率为权重，构造样本综合得分模型。

$$F = w_1F_1 + w_2F_2 + \cdots + w_pF_p \tag{3-10}$$

第五步，计算我国近三十年进口货物的演变趋势。

三、近三十年我国进口货物演变趋势分析

（一）采集原始数据

本书根据我国近三十年进口货物的"暗送秋波"情况，选取《中国统计年鉴》（2015）中的统计数据，主要指标体系提出数据如表 3-16 所示。

表 3-16 进口货物分类金额   单位：亿元

年份	总额	食品及主要供食用的活动物	饮料及烟类	非食用原料	矿物燃料、润滑油及有关原料	动植物油脂及蜡	化学品及有关产品	轻纺产品、橡胶制品、矿冶产品及其制品	机械及运输设备	杂项制品	未分类的其他商品
1980	200.17	29.27	0.36	35.54	2.03	2.39	29.09	41.54	51.19	5.42	3.34
1985	422.52	15.53	2.06	32.36	1.72	1.22	44.69	118.98	162.39	19.02	24.55
1990	533.45	33.35	1.57	41.07	12.72	9.82	66.48	89.06	168.45	21.03	89.9
1991	637.91	27.99	2	50.03	21.13	7.19	92.77	104.93	196.01	24.39	111.47
1992	805.85	31.46	2.39	57.75	35.7	5.25	111.57	192.73	313.12	55.88	
1993	1039.59	22.06	2.45	54.38	58.19	5.02	97.04	285.27	450.23	64.95	
1994	1156.15	31.37	0.68	74.37	40.35	18.09	121.3	280.84	514.67	67.68	6.79
1995	1320.84	61.32	3.94	101.59	51.27	26.05	172.99	287.72	526.42	82.61	6.93
1996	1388.33	56.72	4.97	106.98	68.77	16.97	181.06	313.91	547.63	84.86	6.46

续表

年份	总额	食品及主要供食用的活动物	饮料及烟类	非食用原料	矿物燃料、润滑油及有关原料	动植物油脂及蜡	化学品及有关产品	轻纺产品、橡胶制品、矿冶产品及其制品	机械及运输设备	杂项制品	未分类的其他商品
1997	1423.7	43.04	3.2	120.06	103.06	16.84	192.97	322.2	527.74	85.5	9.09
1998	1402.37	37.88	1.79	107.15	67.76	14.91	201.58	310.75	568.45	84.56	7.54
1999	1656.99	36.19	2.08	127.4	89.12	13.67	240.3	343.17	694.53	97.01	13.52
2000	2250.94	47.58	3.64	200.03	206.37	9.77	302.13	418.07	919.31	127.51	16.53
2001	2435.53	49.76	4.12	221.36	174.66	7.63	321.04	419.38	1070.15	150.76	16.76
2002	2951.7	52.38	3.87	227.36	192.85	16.25	390.36	484.89	1370.1	198.01	15.64
2003	4127.6	59.6	4.9	341.24	291.89	30	489.75	639.02	1928.26	330.11	12.82
2004	5612.29	91.54	5.48	553.58	479.93	42.14	654.73	739.86	2528.3	501.43	15.29
2005	6599.53	93.88	7.83	702.26	639.65	33.06	777.34	811.57	2904.78	608.62	20.08
2006	7914.61	99.94	10.41	831.57	890.01	39.36	870.47	869.24	3570.21	713.11	20.3
2007	9561.15	115	14.01	1179.1	1049.3	73.44	1075.54	1028.77	4124.59	875.1	24.65
2008	11325.62	140.51	19.2	1666.95	1692.42	104.86	1191.88	1071.65	4417.65	976.41	44.09
2009	10059.23	148.27	19.54	1413.47	1240.38	76.39	1120.9	1077.39	4077.97	851.86	33.07
2010	13962.44	215.7	24.28	2121.11	1890	87.4	1497	1312.78	5494.21	1135.6	184.35
2011	17434.84	287.74	36.85	2849.23	2757.76	111.12	1811.06	1503.04	6305.7	1277.22	495.13
2012	18184.05	352.6	44.03	2696.6	3130.85	125.27	1792.87	1459.53	6529.41	1365.19	687.72
2013	19499.89	417.01	45.09	2863.71	3151.6	103.39	1903.87	1478.72	7101.41	1388.55	1047.36
2014	19592.35	468.27	52.22	2996.42	3167.56	84.93	1932.56	1723.69	7241.97	1397.08	827.64
2015	16795.64	505.01	57.74	2097.1	1985.89	74.83	1712.66	1330.11	6824.18	1346.92	861.2

(二) 进行数据标准化处理与相关分析

运用 SPSS 统计分析软件对 10 种进口货物竞争力指标进行标准化处理，以消除无量纲与数量级的不同。通过 SPSS 自动对原始数据进行标准化处理，所以在得到计算结果后的变量都是指经过标准化处理后的变量，并同时通过系数相关矩阵相关选项同时得到相关矩阵，如表 3-17 所示。

第三章 发展形势篇

表 3-17 相关系数矩阵

	总额	食品及主要供食用的活动物	饮料及烟类	非食用原料	矿物燃料、润滑油及有关原料	动植物油脂及蜡	化学品及有关产品	轻纺产品、橡胶制品、矿冶产品及其制品	机械及运输设备	杂项制品
总额	1.000	0.934	0.951	0.991	0.985	0.940	0.998	0.982	0.995	0.992
食品及主要供食用的活动物	0.934	1.000	0.993	0.918	0.919	0.799	0.918	0.881	0.923	0.905
饮料及烟类	0.951	0.993	1.000	0.940	0.939	0.840	0.937	0.899	0.939	0.926
非食用原料	0.991	0.918	0.940	1.000	0.994	0.943	0.986	0.965	0.976	0.975
矿物燃料、润滑油及有关原料	0.985	0.919	0.939	0.994	1.000	0.935	0.974	0.950	0.964	0.961
动植物油脂及蜡	0.940	0.799	0.840	0.943	0.935	1.000	0.943	0.933	0.933	0.948
化学品及有关产品	0.998	0.918	0.937	0.986	0.974	0.943	1.000	0.990	0.998	0.996
轻纺产品、橡胶制品、矿冶产品及其制品	0.982	0.881	0.899	0.965	0.950	0.933	0.990	1.000	0.988	0.985
机械及运输设备	0.995	0.923	0.939	0.976	0.964	0.933	0.998	0.988	1.000	0.997
杂项制品	0.992	0.905	0.926	0.975	0.961	0.948	0.996	0.985	0.997	1.000
未分类的其他商品	0.839	0.947	0.929	0.837	0.861	0.683	0.808	0.746	0.808	0.783

由表 3-17 可知，进口货物演变趋势与食品及主要供食用的活动物，非食用原料，化学品及有关产品，机械及运输设备，轻纺产品、橡胶制品、矿冶产品及其制品这几个指标存在着极其显著的关系，可见许多变量之间直接的相关性比较强，证明它们存在信息上的重叠。因此，需进行主成分的选取，明确对于影响进口货物竞争力贡献的主要指标。

（三）主成分提取

主成分个数提取原则为主成分对应的特征值大于 1 的前 m 个主成分。特征值在某种程度上可以被看成是表示主成分影响力度大小的指标，如果特征值小于

1，说明该主成分的解释力度还不如直接引入一个原变量的平均解释力度大，因此，一般可以用特征值大于 1 作为纳入标准。通过 SPSS 软件进行因子分析，得到总体方差分析表（见表 3-18）。

表 3-18　总体方差分析

成分	初始特征值			提取平方和载入		
	合计	方差的%	累积%	合计	方差的%	累积%
1	11.044	92.031	92.031	11.044	92.031	92.031
2	0.594	4.948	96.979			
3	0.225	1.879	98.858			
4	0.059	0.490	99.348			
5	0.047	0.391	99.739			
6	0.020	0.167	99.907			
7	0.005	0.042	99.948			
8	0.004	0.031	99.979			
9	0.002	0.015	99.994			
10	0.000	0.003	99.997			
11	0.000	0.003	100.000			
12	0.000	0.000	100.000			

通过表 3-18（方差分解主成分提取分析）可知，提取 1 个主成分，即 m = 1。说明有 1 个主成分对于规模以上工业企业竞争力影响较大。同时，在进行因子分析的过程中，得到了各因子得分系数（见表 3-19）。

表 3-19　各因子得分系数

	成分
总额	0.090
食品及主要供食用的活动物	0.086
饮料及烟类	0.087

第三章 发展形势篇

续表

	成分
非食用原料	0.089
矿物燃料、润滑油及有关原料	0.089
动植物油脂及蜡	0.085
化学品及有关产品	0.090
轻纺产品、橡胶制品、矿冶产品及其制品	0.089
机械及运输设备	0.090
杂项制品	0.089
未分类的其他商品	0.077

由表 3-19 可知，食品及主要供食用的活动物，非食用原料，化学品及有关产品，机械及运输设备，轻纺产品、橡胶制品、矿冶产品及其制品在第一主成分上有较高载荷，说明第一主成分基本反映了这些指标的信息；所以提取的主成分是可以基本反映全部指标的信息，决定用上述新变量来代替原来的 10 个变量。

（四）竞争力综合得分

这个新变量的表达还不能从输出窗口中直接得到，需要将其特征向量运用 SPSS 描述性功能求出来，与标准化后的数据相乘，然后就可以得出主成分表达式如下：

$$F_1 = 0.416233Z \times 1 + 0.433484Z \times 2 + 0.425522Z \times 3 + 0.416233Z \times 4 + 0.077408Z \times 5 - 0.103063Z \times 6 + 0.153046Z \times 7 - 0.030521Z \times 8 + 0.114564Z \times 9 + 0.422868Z \times 10 + 0.228685Z \times 11$$

(3-11)

根据主成分综合模型即可计算综合主成分值，并对其按综合主成分值进行排序，即可对各地区进行综合评价比较，结果如表 3-20 所示。

表 3-20 进口货物演变趋势综合评价结果

年份	主成分 F_1	排名
2015	5.66	1
2014	6.62	2

续表

年份	主成分 F_1	排名
2013	6.46	3
2012	5.89	4
2011	5.21	5
2010	3.37	6
2009	1.74	7
2008	2.29	8
2007	1.32	9
2006	0.4	10
2005	-0.11	11
2004	-0.46	12
2003	-1.13	13
2002	-1.67	14
2001	-1.92	15
2000	-1.99	16
1999	-2.24	17
1998	-2.35	18
1997	-2.31	19
1996	-2.31	20
1995	-2.31	21
1994	-2.57	22
1991	-2.84	23
1990	-2.9	24
1985	-3.19	25
1980	-3.43	26

1980~2015 年，我国进口货物呈现一路上升趋势，尤其是近十年来我国进口货物数额呈现持续上升态势。

四、近三十年我国进口货物演变趋势的影响因素分析

（一）变量选取

影响因素选取 5 个变量：实际利用外资金额、人民币汇率 USD 换 CNY、外

第三章　发展形势篇

汇储备、外币贷款折合 CNY、大中型工业企业单位数，分别设定代码为 X_1、X_2、X_3、X_4、X_5，其变量说明和代码如表 3-21 所示。

表 3-21　变量说明及代码

变量分类	变量	代码
资金	实际利用外资金额	X_1
汇率	人民币汇率（USD 换 CNY）	X_2
汇率	外汇储备	X_3
汇率	外币贷款折合 CNY	X_4
企业规模	大中型工业企业单位数	X_5

同时，收集 5 个影响因素的原始数据如表 3-22 所示。

表 3-22　进口货物演变趋势影响因素原始数据

年份	实际利用外资金额（亿美元）	人民币汇率（USD 换 CNY）	外汇储备（亿美元）	外币贷款折合人民币（亿美元）	大中型工业企业单位数（家）
2004	640.72	827.68	6099.32	16.8	27724
2005	638.05	819.17	8188.72	11	29774
2006	670.76	797.18	10663.4	9	32930
2007	783.39	760.4	15282.49	21.9	36506
2008	952.53	694.51	19460.3	5.1	40392
2009	918.04	683.1	23991.52	55.5	41290
2010	1088.21	676.95	28473.38	15.9	46648
2011	1176.98	645.88	31811.48	13.1	61347
2012	1132.94	631.25	33115.89	27.2	63314
2013	1187.21	619.32	38213.15	7.2	65514
2014	1197.05	614.28	38430.18	4.1	65301
2015	1262.67	622.84	33303.62	-13	63703

2004~2015 年，我国实际利用外资金额和外汇储备逐年增加，这说明进口优势增加促进了进口的增加，另外人民币汇率（USD 换 CNY）的降低，增强我

国企业的综合实力,扩大了对外进口规模。

从宏观方面分析实际利用外资金额、人民币汇率、外汇储备、外币贷款、大中型工业企业单位数情况等其他因素对进口演变趋势的影响。随着人民币汇率(USD 换 CNY)降低,人民币日益坚挺,购买能力增强,进口增加,外汇储备和实际利用外币金额不断增加。对外贸易活动的增加衍生了一大批大中型工业企业,扩大了工业制成品的进口。我国企业科技创新能力不断增强,减少了工业制成品的进口,增加了初级产品的进口,加快了我国工业化进程,说明我国正在向工业型大国迈进。

(二) 回归分析

通过回归分析,得到 5 个影响因素对货物进口贸易的影响大小,如表 3 - 23 所示。

表 3 - 23　回归分析结果

模型	非标准化系数		标准系数	t	Sig.
	B	标准误差	试用版		
(常量)	0.424	7.327		0.058	0.956
实际利用外资金额	-0.002	0.002	-0.198	-0.964	0.072
人民币汇率(USD 换 CNY)	-0.004	0.007	-0.120	-0.530	0.015
外汇储备	0.005	0.000	0.370	1.716	0.037
外币贷款折合人民币	-0.013	0.007	-0.081	-1.863	0.012
大中型工业企业单位数	0.000	0.000	0.689	4.925	0.003

从表 3 - 23 可以看出,5 个因素对于货物进口都有显著影响。因此,优化这些因素的作用机制,对于提升我国货物进口的结构和优势有着巨大的作用。

五、启示与对策

(一) 启示

通过对进口货物总量演变趋势分析,可以得到以下启示:

第三章　发展形势篇

1. 进口促进国内经济发展，支持了国际产业转移

随着基础设施建设、重化工业的快速发展和城镇化进程的不断加速，耗能生产和生产行为不断扩张，对工业制成品的需求急剧增加。外部资源的供给弥补了国内的缺陷，满足了我国大规模快速工业化的需求。进口的机械及运输设备中往往包含先进的技术和设备，可以促进国内生产的发展和生产率的提高，也促进了经济的发展。

我国进口贸易的快速增长实现了资源在全球范围内的优化配置，对世界产业结构的调整升级和国际产业的转移起到了重要的作用。

2. 进口以能源、原料、半成品为主，消费性商品进口比较小

在初级产品进口中，非食用原料跟矿物燃料、润滑油及有关原料进口增长速度最快且比重最大，而食品及主要供食用的活动物，饮料及烟类、动植物油脂等与最终消费直接相关的产品，进口比重很小，且呈下降趋势。而工业制成品中基本都呈增加趋势，这些数据表明，我国商品进口以满足工业生产的能源、原料、半成品为主，而直接用于消费商品进口在数量上有所增加，但进口额所占比重较少，这是当初我国处于工业化阶段，工业生产体系初步建成，人民生活水平有待提高，消费能力有限的总体特征决定的。

（二）对策建议

1. 发挥政策性金融支持作用

发挥政策性金融支持作用促进我国对外贸易发展，中国进出口银行是支持我国外贸发展的政策性银行，在促进进出口贸易方面发挥着重要作用。为了增加进口，优化进口结构，银行可以采取一系列金融政策，包括稳定人民币汇率，保持人民币坚挺，增强人民币的购买力，保持进口优势。

另外，外汇储备的增加、外汇贷款增加进一步加快了进口货物的上升趋势，要增加实际利用外资金额，为进口货物提供经济支持。

2. 大力扶持大中型工业企业的发展

大中型工业企业的经济实力较强，在公司原有的基础上，加强对大中型工业企业支持力度，帮助他们更好地"走出去"，增加工业制成品的出口，减少初级

产品的进口。

为了进一步推动大中型工业企业要加快进行企业结构性改革，努力提高工业企业科技创新能力。另外，国家要利用宏观调控，努力提高宏观经济效益，带动国内企业的发展。为此建议政府出台相关扶持经济政策，包括进出口退税优惠、进口贷款银行优惠政策、增加融资渠道。

3. 调整进口货物的商品结构

国内应该自己大力发展资本技术密集型产品，积极开发新技术与新产品。从数据中可以看出进口货物中工业制品的比重不断增大，但我国的现代化工业技术水平的机械设备出口仍与世界先进水平有一定距离。所以我国应该在优化进出口商品结构中，提高产品技术含量和附加值，增加自己的竞争优势。

4. 实施进口市场多元化战略，优化进口地区结构

近年来，我国在进口市场多元化方面已取得一定的成效，进口格局发生了积极的变化。但进口市场仍然具有集中度高的特点。因此，在未来进口中要继续拓展新渠道，推动进口多元化，特别是要注意在我国出口集中的国家和地区（如美国、欧盟等）进口，这对保持外贸基本平衡，缓和贸易摩擦，减少贸易风险，增强我国在国际市场上的应变能力具有非常重要的作用。在拓展市场的同时，还应加强与当地生产企业及商贸企业的合作，真正融入国际生产链，提高在国际分工中的地位。

5. 健全关键设备，先进技术的稳定进口机制

根据上述分析，关键设备、先进技术仍然是我国发展的瓶颈。健全关键设备、先进技术的稳定进口机制，一方面可以加大关键设备、先进技术的供给，协调整个国民经济的发展；另一方面，关键设备、先进技术的进口还可以产生技术溢出效应。如果想要继续保持对外贸易对我国经济增长的拉动作用，就必须提高产品的技术含量和附加值。作为一个发展中国家，我们不仅需要努力突破西方国家对我国关键设备、先进技术管制和限制，实现产品进口的多样化，适当降低这类产品的进口关税；同时也要大力推动和鼓动国内企业的消化吸收、自主创新活动逐步实现高技术产品的进口替代。

第四章

专题分析篇

第一节 我国进出口产品对外贸易竞争力分析

中华人民共和国成立以来，随着国民经济的发展，我国进出口商品结构发生了显著的变化。中华人民共和国成立初期，初级产品在出口总额中约占80%，工业制成品仅占20%，到1985年初级产品出口下降至54.2%，工业制成品出口上升至45.8%。在初级产品出口结构中，农副产品所占比重明显下降，矿物燃料的比重增加，其中主要是石油及其制品出口有较大幅度的增长。在工业制成品中，纺织品出口迅速增加，重化工业产品中的机械设备出口也有明显增长。在进口商品结构方面，新中国成立以来除少数年份外，变化不大。20世纪60年代以后，生产资料进口约占70%~80%，生活资料约占20%~30%。在生产资料中，新技术、成套设备和机电产品进口所占比重有减少的趋势。从表4-1可以看出，广西2015年进出口贸易的结构已经发生了巨大的变化，这也是中国进出口贸易变化的一个缩影。

表 4-1 广西 2015 年进出口贸易现状　　　　单位：万美元，%

类别	出口			进口			进出口		
	累计金额	占比	累计同比	累计金额	占比	累计同比	累计金额	占比	累计同比
按企业性质									
国有企业	297882	10.6	-3.7	562402	24.2	4	860283	16.8	1.2
外商投资企业	442944	15.8	1.3	591354	25.4	-5.1	1034298	20.2	-2.4
民营企业	204715	73	21.4	619658	26.7	35.2	266673	52	24.3
按贸易方式									
一般贸易	504131	18	1.2	922387	39.7	-4.7	1426519	27.8	-2.7
加工贸易	569747	20.3	27.1	487570	21	25	1057317	20.6	26.1
边境贸易	1634835	58.3	15.9	632559	27.2	20.7	2267384	44.2	17.2
按重点产品									
机电产品	1102456	39.3	2.7	529561	22.8	63.4	1632017	31.8	16.7
高科技产品	369827	13.2	28.5	399184	17.2	124.8	769011	15	65.2

一、我国进出口产品对外贸易竞争力实证方法

贸易竞争力指数（Trade Competitiveness）即 TC 指数，是对国际竞争力分析时比较常用的测度指标之一，它表示一国进出口贸易的差额占进出口贸易总额的比重，即 TC 指数 =（出口额 - 进口额）/（出口额 + 进口额）。

贸易竞争力指数从产品进出口的数量角度来分析某类产品在国际市场上的表现，具有简单、直观、明了等特点，能够快速反映产品在某一时点或连续某一阶段一国或地区某产品竞争力的变化。它能表明一国或一地区某产品是顺差还是逆差，以及净出口的相对规模，从产品"生产效率"的角度来反映产品的国际竞争力。一般认为，TC 值越接近 1，说明该产业或产品的国际竞争力就越强，反之则越弱；TC 值为负，表明该产业或产品为净进口，不具有国际竞争力。

二、我国进出口产品对外贸易竞争力分析

贸易竞争力指数既可反映特定产业竞争力大小，又可衡量特定产品国际竞争

第四章 专题分析篇

力的强弱。为了比较我国进出口贸易国际竞争力的大小，同时也为了保持3种指数的可比性，笔者计算了某年广西的进出口贸易的TC值，如表4－2所示，用以代表全国的情况。

表4－2 国企、外商企业、民营企业的TC值

企业性质	国有企业	外商投资企业	民营企业
TC值	－0.307	－0.143	0.525

从表4－1和表4－2中可以看出，国企的进口比重为24.2%，而出口所占比重为10.6%，出口所占比重低，且TC值为负数，生产率转化程度较低，呈现贸易逆差的局面。累计同比增长1.2%，增长率低，在国际市场上不具备竞争力。原因在于国企的销售中心在国内，国外市场开拓程度低。外商投资企业进口占比较大，出口所占比重为15.8%，TC值为负数，累计同比下降了2.4%，源于我国对外企来华政策放低，劳动力、生产成本提高，大量外企离华，导致了外企进出口水平下降。民营企业在进出口贸易中占据主导地位，进口占比26.7%，出口占据主导地位。累计占比增加速度快，民营企业因为其生存和扩张需求与国际市场的联系日益紧密。出口比重大，进口占比与国企和外企持平，呈现贸易顺差局面，生产效率和资源利用率高，将比较优势转换为了竞争优势，展现了充分的国际竞争力。

从表4－1和表4－3中可以看出一般贸易进口占比最高为39.7%，出口占比低，仅为18%，累计同比下降，TC值为负数，存在严重的贸易逆差，并且呈下降趋势，在国际市场不具备竞争力，产品主要在国内销售，原因可能是企业从他国采购价格低、本国的产品在本国销售。加工贸易进口占比21%，出口占比20.3%，进出口基本持平，TC值低，在国际市场竞争力较弱，但累计同比增加了26.1%，增速较快。由于我国的劳动力成本低，外企将原材料或者半成品交由我国的企业加工销售。而边境贸易出口占比为58%，在出口中占据主要地位，进口占比27.2%，增速为17.2%，增速较快，TC值为0.44，在国际市场具备较

大的竞争力。表明我国与邻国的经济交往愈发密切,这与我国近来实施的经济政策密不可分。

表4-3 一般贸易、加工贸易和边境贸易的 TC 值

贸易方式	一般贸易	加工贸易	边境贸易
TC 值	-0.293	0.078	0.44

从表4-4中可以看出,机电产品出口占比涨幅小,进口占比较大但累计同比涨幅较大,且 TC 值为0.35,所以机电产品在国际市场具有微弱的竞争力,而且这种竞争力在不断降低。而高科技产品进口比重大于出口比重,TC 值为负数,进口累计同比去年涨幅巨大,而出口累计同比较去年涨幅小,说明我国的高科技产品较为依赖进口,存在贸易逆差。这与我国科技生产水平低有直接联系。

表4-4 机电产品和高科技产品的 TC 值

重点产品	机电产品	高科技产品
TC 值	0.35	-0.038

三、结论与建议

(一) 结论

一是进出口累计占比均有小幅度增加,与外国经济联系日益密切。进口金额大于出口金额,呈现微弱的贸易逆差。

二是民营企业在进出口贸易中占据主导地位,私营企业发展迅猛,国际竞争力较强。国企和外企的进出口比重增加,但是出口金额小于进口金额,呈现贸易逆差局面。

三是现有贸易方式以边境贸易为主,进出口比重较以往有明显涨幅,呈贸易顺差局面且国际竞争力强。加工贸易和一般贸易增速较慢。

四是机电产品依然在重点产品出口领域占据主导地位,但是进口增速迅速,

第四章　专题分析篇

出口增速缓慢，其国际竞争力明显下降。高科技产业出口涨幅大，处于贸易逆差地位但潜力无限。

五是出口结构不断优化，出口产品不断更新换代。

（二）建议

一是深化财税、金融、价格、收入分配、企业等方面改革，努力在重点领域与关键环节实现新突破，更好地发挥市场机制在资源配置中的基础性作用，全面推进创新改革，技术创新，管理创新，注重增强发展的内生动力和内在活动。

二是实施科技兴贸战略，提高出口产品的技术含量。努力提高扩大高技术含量、高附加值机电产品和高新技术产品的出口，在国际市场上形成中国机电产品的技术特色和科技优势，同时加速推动科研院所和生产企业的结合、生产企业和外贸企业的结合，实现科工贸一体化，促进机电产品的高科技产业化。

三是在上述措施实施后，以更高的技术水平推动更多的机电产品走向国际市场，并最终实现以高科技、高技术为主体的资本、技术密集型商品在出口贸易份额中的主导地位。

四是总体上培育以技术、品牌、质量、标准为核心的国贸竞争新优势，从而提升我国在国际价值链条中的地位。鼓励和支持高新科技产业和科技创新产品、品牌产品，智能化、集成化大型成套装备出口，推动产品、技术、服务"全产业链"出口。

五是通过引进先进技术和设备，促进技术进步和产业结构的升级，直接促进我国国内产业劳动率的提高和生产要素的节约，产品质量和性能的提高为产业结构升级创造条件。一方面，通过引进、消化吸收进口技术，在进口技术基础上，激起国内产业的创新活动，为国内自身的技术进步提供强大动力，形成新的竞争优势；另一方面，通过其渗透到其他行业，加速产业的升级改造，随着"消化"，产业劳动生产率的提升以及工艺性能的改进，我国产品自身竞争力显著增强，有力推动经济增长，使我国经济不断处于良性循环之中。

第二节 服务业贸易竞争力评价

湖南是一个传统的人口大省，服务业贸易是湖南省对外贸易的重要组成部分。现有的研究主要运用国内资源成本法、波特钻石模型理论或显性比较优势指数等分析方法对湖南服务业的比较优势和国际竞争力进行分析，但尚缺乏与较有代表性的全国水平比较。笔者通过比较湖南与全国的服务业对外贸易状况，寻找湖南与全国水平的异同及其原因，吸取其成功经验，并在此基础上深入分析湖南服务业的比较优势及其演进趋势，把握其变化规律，探寻扩大湖南服务业出口的有效途径。

一、湖南服务业贸易现状分析

湖南服务业发展运行基本情况及特点：

（一）总体发展势头良好，增速快于全国平均水平

2014年，全省服务业增加值11417.83亿元，居全国第九位。服务业增加值占GDP的比重达到42.2%，比上年提高1.4个百分点。2014年，全省服务业增加值同比增长11.1%，比全省GDP增速快1.6个百分点，也比全国平均水平快3.0个百分点。

（二）贡献率持续提升，对地方财政的支撑作用进一步增加

2014年，服务业拉动全省经济增长5.8个百分点，对GDP增长的贡献率为47.2%，较上年上升2.6个百分点。服务业对地方财政的支撑作用明显增强。全年完成各项税收1354.99亿元，同比增长10.9%，占全部税收收入的45.9%，比上年上升了0.9个百分点。其中，缴纳国税510.46亿元，增长16.1%，占全部国税收入的30.1%，比上年上升了1.96个百分点；缴纳地税844.52亿元，增长8.0%，占全部地税收入的67.0%，比上年回落了0.7个百分点。

（三）投资热度超过第二产业，民生投资高位运行

2014年，全省服务业完成固定资产投资11919.6亿元，占全部固定资产投资

的比重为54.3%，同比增长21.4%，分别比第二产业高11.9个百分点、5.5个百分点。与民生密切相关的服务业投资快速增长，其中文化、体育和娱乐业增长32.5%，卫生和社会工作增长48.5%，水利、环境和公共设施管理业增长30.0%，教育增长38.1%；信息传输、软件和信息技术服务业，租赁和商务服务业，科学研究和技术服务业，金融业等现代服务业投资增速较快，分别为30.1%、16.6%、55.7%、30.0%。

（四）吸纳就业能力不断增强，新兴业态从业人员显著增加

2014年，城镇非私营单位中第三产业吸纳从业人员327.97万人，增长0.9%，占全部城镇非私营单位从业人员比重为54.9%，比第二产业高10.1个百分点。其中，公共管理社会保障和社会组织、教育、卫生和社会工作就业人数排前三位，占第三产业比重分别为24.8%、22.5%、11.6%。规模以上服务业吸纳从业人员49.30万人，增长7.5%。其中，互联网和相关服务、生态保护和环境治理业、软件和信息技术服务业等新兴业态从业人员显著增加，分别为0.30万人、1.20万人、0.05万人，分别增长18.7%、18.6%、17.6%。随着人们对娱乐休闲的支出逐步加大，带动了体育、娱乐业、文化艺术业的繁荣，就业人员大幅增长，增速分别为33.1%、21.4%、10.6%。

（五）产业结构更加优化，现代化特征进一步提升

一是生产性服务业加快发展，实现增加值4885.7亿元，增长12.1%，高出整体服务业水平1.0个百分点。其中，金融业增幅最快，为16.3%；二是文化和创意产业增加值超过1500亿元达到1558.7亿元，占GDP的比重提升到5.8%；三是旅游产业快速发展，总收入达3046.19亿元，增长13.6%；四是全省规模以上服务业企业法人3276家，实现营业收入1939.22亿元，增长9.0%，资产总计15036.97亿元，增长18.5%，利润总额234.79亿元，增长2.0%。其中，互联网和相关服务、软件和信息技术服务业增幅分别达65.4%、48.5%。表4-5和表4-6分别反映了湖南以及全国的服务业出口现状。

表 4-5　全国服务业出口现状　　　　　单位：亿美元

年份	服务业出口总额
2000	660
2001	719
2002	855
2003	1013
2004	1337
2005	1571
2006	1917
2007	2509
2008	3045
2009	2867
2010	3624
2011	4191
2012	4706

表 4-6　湖南服务业出口现状　　　　　单位：亿美元

年份	服务业出口总额
2006	4.23
2007	6.45
2008	7.97
2009	8.13
2010	10.10
2011	12.36
2012	13.80

二、湖南服务业贸易竞争力实证方法

为了全面考察湖南服务业对外贸易竞争力的现状及其发展趋势，在多种测算竞争力优势的指标中，重点选取了一般竞争力系数 GI 和贸易竞争力指数 TC 2 个指标来比较分析湖南、全国服务业的竞争力差异。

1. 一般竞争力系数（GI）

GI 指数是指一国或一地区某产品净出口量与该国或该地区该种产品生产量的

比率，用 E_{ij}、M_{ij} 和 X_{ij} 分别表示 i 国或地区的 j 类产品的出口量、进口量和生产总量，则对 i 国或地区的 j 类产品而言，其一般竞争力系数为：$GI_{ij} = (E_{ij} - M_{ij}/X_{ij})$。

一般认为，净出口量占该国或地区生产量的比重越大，说明该产品的贸易竞争力越强；反之，则越弱。但当某产品出口量很大，而进口量和出口量又十分接近的时候，该指数并不能很好地反映产品的贸易竞争力。

2. 贸易竞争力指数（TC）

TC 指数指的是一国或一地区某产业或某产品净出口量占贸易总量的比重，用 X_{ij} 与 Y_{ij} 分别表示 i 地区 j 产业或 j 类产品的出口值与进口值，则 i 地区 j 产业或 j 类产品的贸易竞争力指数为：$TC = (X_{ij} - Y_{ij})/(X_{ij} + Y_{ij})$。

TC 指数从产品进出口的数量角度来分析某类产品在国际市场上的表现，具有简单、直观、明了等特点，能够快速反映产品在某一时点或连续某一阶段一国或地区某产品竞争力的变化。它能表明一国或一地区某产品是顺差还是逆差，以及净出口的相对规模，从产品"生产效率"的角度来反映产品的国际竞争力。一般认为，TC 值越接近 1，说明该产业或产品的国际竞争力就越强，反之则越弱；TC 值为负，表明该产业或产品为净进口，不具有国际竞争力。该指数可以很好地考察特定时间下不同地区相同产品的贸易竞争力差异和特定地区连续时点下某产业贸易竞争力的变化趋势。

三、湖南以及全国服务业对外贸易竞争力分析

1. 一般竞争力系数（GI）

按照一般 GI 指数的定义，可知当指数大于 0 时，意味着出口大于进口，为贸易顺差，说明该产品具有贸易竞争优势，且数值越大，优势越强；指数小于 0 时，意味着出口小于进口，为贸易逆差，说明该产品不具有贸易竞争优势甚至具有竞争劣势。受金融危机的影响，2008 年、2009 年世界和我国服务业贸易出现大幅度波动，为使结论更具代表性，笔者选取 2006～2012 年的数据，计算了湖南、全国服务业的 GI 值，如表 4-7 所示。

表4-7 2006~2012年湖南和全国服务业 GI 指数比较

年份	全国服务业 GI	湖南省服务业 GI
2006	-0.00657	-0.00136
2007	-0.00451	-0.00071
2008	-0.0057	-0.00035
2009	-0.01292	-0.0004
2010	-0.00819	0
2011	-0.01721	-0.00045
2012	-0.0248	-0.0011

从表4-7可以看出，无论是全国还是湖南，服务业 GI 指数始终小于0（湖南2010年除外），可见我国大环境下服务业的贸易竞争力不足，湖南也不例外。但湖南 GI 值始终大于全国水平，可见，如果要全面提高我国服务业出口，湖南或许会是全国先列。表4-7中有一个特殊情况，2010年湖南服务业贸易 GI 值出现等于0的情况，此时不具备竞争优势也不劣势，原本是绝佳的上升机会，但之后又下降，不免觉得可惜。

总体而言，无论是全国还是湖南都不具备服务业竞争优势，但湖南有获取优势的潜力。

2. 贸易竞争力指数（TC）

TC 指数既可反映特定产业竞争力大小，也可衡量特定产品国际竞争力的强弱。为了比较全国和湖南国际竞争力的大小，同时也为了保持2种指数的可比性，测算了2006~2012年全国和湖南服务业 TC 值（见表4-8）。

表4-8 2006~2012年全国和湖南服务业 TC 值

年份	湖南服务业 TC 值	全国服务业 TC 值
2006	-0.07135	-0.04643
2007	-0.03008	-0.03069
2008	-0.01483	-0.03777

续表

年份	湖南服务业 TC 值	全国服务业 TC 值
2009	-0.0193	-0.1029
2010	0	-0.06071
2011	-0.01983	-0.13099
2012	-0.04828	-0.1904

湖南服务业 TC 指数除 2011 年、2012 年外，总体呈递增局势，虽然仍不具备竞争优势，但足以看出其潜力。2006~2012 年，湖南服务业 TC 指数始终高于全国水平，可见其在全国平均水平之上，具有一定相对优势。

四、结论与建议

（一）结论

通过对以上两个指数的对比分析可以看出，服务业企业市场竞争力较弱。随着湖南近几年"四化两型"建设的深入推进，服务业得到了很好的发展，企业数量也大幅度增长，但大多规模小，集中度不高，产业链条较短，规模效应不明显，缺乏有带动力和影响力的企业集团和品牌。2014 年，湖南共有规模以上租赁和商务服务业 628 家，其中，营业收入 1000 万元以上的仅 262 家，58.3% 的企业为小型企业；居民服务、修理和其他服务业企业 154 家，其中，1000 万元以上的 61 家，60.4% 的企业为小型企业，而且企业仍然存在资金、技术、人才等方面的差距，需要弥补。

（二）建议

1. 积极稳妥推进服务业"十百千"工程和"十大产业"建设

湖南省委省政府相继推出发展服务业"十百千"工程和《湖南省现代服务业发展行动计划（2014—2017 年）》。各级地方政府应以此为契机，加紧制定和完善本地的服务业发展政策体系。按照服务业集聚发展、融合共生的产业特性，汇聚优质资源和关键要素，逐渐培育重点产业和行业领军企业，着力构建门类齐全、层次较高、具有较强核心竞争力的现代服务业体系。加强人才工程建设，强化服务业智力支撑。继续组织实施服务业千人培训工程，做好选派服务业企业青年管理干部赴美攻读 MBA 工作。鼓励省内高等院校根据服务业发展的需要，调整、增设急需的新兴服务业专业，抓紧培养一批现代服务业急需人才。大力引进服务业高端人才，落实安家落户、子女教育、医疗保障、创业发展等方面的优惠政策，并按规定纳入当地社会保障体系。支持公办的教育、医疗等公共服务机构，探索实行灵活的吸引人才、留住人才的收入分配机制。建立完善人力资源服务体系，创造科研有条件、创业有保障、干事有舞台的工作环境。对服务业发展和行业推动有突出贡献的科技专业人才给予奖励。

2. 加大投资力度，增强服务业发展后劲

服务业企业大多为中小型企业，资金投入不足是长期制约湖南服务业发展的瓶颈，必须采取有效措施加大服务业领域资金投入力度。一是不断提高政府投入中服务业投资份额，加大对服务业重点企业和重点项目的扶持；二是坚持政府投入为导向，金融信贷为支持，社会投入为主体的原则，建立多渠道、多层次的服务业投资体系。鼓励民间投资进入服务垄断行业，引导民间资本投向新兴服务业，为新兴服务业的发展提供资金保证。

3. 鼓励企业加强自主创新，打造品牌战略

应加大对服务业企业创新支出税费减免力度，在服务业发展专项资金和服务业发展引导资金中更多倾斜于技术密集型服务业企业的关键技术研发，提高服务业自主创新能力。依托有竞争力的服务业企业，通过兼并、联合、重组、上市等方式，培育一批有行业影响力的大型企业或者集团，带动行业发展。同时建立健全政府、企业和行业协会联动的品牌建设工作机制，实施一批品牌示范作用明显的产业项目，培育一批国内著名、国际知名的服务业品牌。

第三节 国际间的消费潜力评价与思考

消费潜力可分为微观和宏观两个层面。从微观方面看，消费潜力是指单个消费者在消费活动中所具有的竞争力，包括两个层面：一方面指消费者与消费者之

第四章 专题分析篇

间为消费某种私人物品所进行的竞争，这是由私人物品的排他性和竞争性决定的，具体表现为对产品或服务的竞争，其实质是购买力的竞争；另一方面指消费者和企业之间的竞争，这是由消费者追求效用最大化和企业追求利润最大化的经济理性所决定的，具体表现为对产品或服务的竞争，这种竞争的结果将导致社会剩余在消费者剩余和生产者剩余之间的不同分配。从宏观方面来看，消费潜力是指不同国家在消费领域所具有的竞争力，有两种表现形式：一是直接体现为国与国之间的消费群体在国际市场上对不同产品和服务的竞争，其实质是国际购买力的竞争；二是消费潜力通过生产领域发生作用，间接表现为生产竞争力，后者具有更重要的意义，消费潜力的两个层面密切相关，微观消费潜力是宏观消费潜力的基础，宏观消费潜力是微观消费潜力在国际上的体现。本书主要针对宏观消费潜力，通过消费潜力、消费状况、消费基础和消费环境，完成国际间消费潜力的分析和评价。

一、国际间消费潜力评价指标体系的构建及评价方法

（一）构建评价指标体系

对国际间消费潜力进行科学评价的前提是评价指标的选取，目前学术界关于国际间竞争力形成的动机尚无统一的术语表达，更缺少相应的指标体系构建。因此，在对国际消费潜力领域的研究成果进行回顾时，笔者认为对于国际间消费潜力实施效果评价的指标不仅要能全面反映国际竞争力，还需要对其量化。因此，遵循科学性、可比性、全面性及可行性原则，并考虑数据信息收集的可行性，本书从国际消费潜力产生的人口、经济和消费因素进行评价体系构建。人口因素有年中人口数、人口密度、人口增长率，经济因素有人均国内生产总值、服务业增加占国内生产总值比重、2014年第三产业总值、2015年国内生产总值、国内生产总值增长率，以及消费因素消费价格指数、居民最终消费率，构建的国际间消费潜力评价指标体系如表4-9所示。

其中，年中人口数、人口密度、人口增长率、人均国内生产总值、服务业增加占国内生产总值比重、第三产业（2014年）、国内生产总值（2015年）、国内

表4-9 国际间消费潜力评价指标体系

目标层	二级指标	三级指标
国际间消费潜力评价指标体系	国际间消费潜力	年中人口数（X_4）
		人均国内生产总值（X_7）
		服务业增加占国内生产总值比重（X_8）
		人口密度（X_3）
	国际间消费状况	第三产业（2014年）（X_1）
		国内生产总值（2015年）（X_5）
		国内生产总值增长率（X_6）
	国际间消费环境	消费价格指数（X_{10}）
	国际间消费基础	人口增长率（X_2）
		居民最终消费率（X_9）

生产总值增长率、居民最终消费率，可以从世界银行 WDI 数据库收集，消费价格指数从国际货币基金组织数据库获得。

（二）评价方法

本书主要选取了国际上 46 个主要国家为研究对象，采用主成分分析法来评价。具体步骤如下：

第一步，进行数据收集及整理。根据国际间消费潜力评价指标体系所需数据进行原始数据采集，为消除量纲或数量级的不同，进行标准化处理。

$$X_{ij} = (x_{ij} - X_j)/S_j \tag{4-1}$$

其中，X_{ij} 为标准化后的数据，X_j 为第 j 个指标的平均数，S_j 为标准差。

第二步，建立样本数据相关系数矩阵。样本数据标准化后，针对各指标建立系数相关矩阵 $R = (r_{ij})$，其中，$r_{ij} = \frac{1}{n-1}\sum_{k=1}^{n} X_{ki}X_{kj}$。计算 R 的特征值 λ_i 与特征向量 h_i。

第三步，计算各主成分方差贡献率及累计贡献率，并选取 K 个主成分。方差贡献率表示主成分的方差在总方差中的比重，累计贡献率表明前 K 个主成分提取原有指标的信息量。K 个主成分得分计算公式为：

$$F_1 = h_{11}ZX_1 + h_{21}ZX_2 + \cdots + h_{p1}ZX_p \quad (4-2)$$

$$F_2 = h_{12}ZX_1 + h_{22}ZX_2 + \cdots + h_{p2}ZX_p$$

$$\cdots$$

$$F_p = h_{1m}ZX_1 + h_{2m}ZX_2 + \cdots + h_{pm}ZX_p$$

其中，F_p 为主成分得分。

第四步，计算主成分得分与各样本综合得分。将标准化后的数字分别代入 K 个主成分得分计算公式，得到主成分得分。最后以各主成分方差贡献率为权重，构造样本综合得分模型。

$$F = w_1F_1 + w_2F_2 + \cdots + w_pF_p \quad (4-3)$$

第五步，计算综合主成分值并进行国际间消费潜力评价与研究。

二、国际间消费潜力评价的过程与实证

（一）采集原始数据

本书根据国际间消费潜力评价指标体系，选取世界银行 WDI 数据库和国际货币基金组织数据库里的统计数据，在 46 个国家或地区消费状况主要指标体系提出数据，如表 4-10 所示。

表 4-10 国际间的消费潜力指标原始数据

国家或地区	年中人口数（人）	人口增长率（%）	人口密度	2014 年第三产业就业率（%）	2015 年国内生产总值（美元）	国内生产总值增长率（%）	服务业占国内生产总值比重（%）	居民最终消费率（%）	消费价格指数
中国	137122	0.51	146	40.6	108664	6.9	50.50	60.9	114.9
中国香港	731	0.88	6958		3099	2.4	92.67	66.2	123.0
中国澳门	59	1.66	19393	84.3			93.76	25.7	131.3
孟加拉国	16100	1.20	1237		1951	6.6	56.40	73.1	143.7
文莱	42	1.38	80		155	-0.5	31.03		

开放型经济发展的评价与思考

续表

国家或地区	年中人口数（人）	人口增长率（%）	人口密度	2014年第三产业就业率（%）	2015年国内生产总值（美元）	国内生产总值增长率（%）	服务业占国内生产总值比重（%）	居民最终消费率（%）	消费价格指数
柬埔寨	1558	1.62	88	30.4	181	7.0	42.30	79.0	117.5
印度	131105	1.21	441	28.7	20735	7.6	52.60	56.5	147.7
印度尼西亚	25756	1.21	142	44.8	8619	4.8	43.30	55.4	132.3
伊朗	7911	1.23	49	48.3	4253		52.43		285.2
以色列	838	1.99	387	79.7	2961	2.5		55.3	106.7
日本	12696	-0.14	348	69.1	41233	0.5	71.79	58.6	103.6
哈萨克斯坦	1754	1.46	7	56.0	1844	1.2	61.80		
韩国	5062	0.38	519	69.5	13779	2.6	59.70	49.3	109.8
老挝	680	1.67	29		123	7.0	41.90	62.3	125.8
马来西亚	3033	1.43	92	60.3	2962	5.0	44.30	54.1	112.8
蒙古	296	1.68	2	46.8	118	2.3	51.10	59.0	163.5
缅甸	5390	0.86	83						131.4
巴基斯坦	18892	2.08	245	34	2700	5.5	55.50	79.2	145.3
菲律宾	10070	1.56	338	53.6	2920	5.8	58.80	73.1	117.4
新加坡	554	1.19	7829	70.6	2927	2.0	75.02	36.4	113.2
斯里兰卡	2097	0.93	334	43.4	823	4.8	60.60	68.6	123.9
泰国	6796	0.34	133	37.5	3953	2.8	52.73		110.3
越南	9170	1.07	296	32	1936	6.7	39.70	65.2	113.3
埃及	9151	2.13	92	47.9	33.08	4.2	52.50	82.2	156.8
尼日利亚	18220	2.63	200		4811	2.7	58.80		158.9
南非	5496	1.65	45	71.9	3128	1.3	68.90	61.2	130.1
加拿大	3585	0.86	4	78.2	15505	1.1	69.36	57.5	108.7
墨西哥	12702	1.29	65	62.4	11443	2.6	63.60	67.2	119.4
美国	32142	0.78	35	75.43	179470	2.4	77.98	68.4	108.7
阿根廷	4342	1.01	16	74.7	5481		62.93		
巴西	20785	0.86	25	76.6	17747	-3.9	72.10	63.4	138.4
委内瑞拉	3111	1.34	35	71.1	5100	-5.7			
捷克	1055	0.25	137	58.9	1818	4.2	59.50	47.7	107.5
法国	6681	0.47	122	75.8	24217	1.2	78.80	55.1	105.6

第四章　专题分析篇

续表

国家或地区	年中人口数（人）	人口增长率（%）	人口密度	2014年第三产业就业率（%）	2015年国内生产总值（美元）	国内生产总值增长率（%）	服务业占国内生产总值比重（%）	居民最终消费率（%）	消费价格指数
德国	8141	0.53	234	70.4	33558	1.7	69.00	54.0	106.9
意大利	6080	0.02	207	69.5	18148	0.8	47.00	61.1	107.5
荷兰	1694	0.42	503	75.3	7525	2.0	77.80	44.5	109.2
波兰	1800	-0.03	124	57.9	4748	3.7	63.70	58.7	108.1
俄罗斯	14410	0.19	9	65.8	13260	-3.7	62.80	51.9	151.5
西班牙	4642	-0.13	93	76.3	11991	3.2	74.90	57.6	106.5
土耳其	7867	1.46	102	51.9	7182	4.0	64.90	68.7	146.1
乌克兰	4520	-0.36	78	59.1	906	-9.9	60.10	67.6	180.6
英国	6514	0.81	269	79.1	28488	2.3	79.20	65.1	111.8
澳大利亚	2378	1.34	3	69.5	13395	2.3	70.50	65.9	112.0
新西兰	460	1.89	17	73.0	1738	3.4	70.89		108.1

（二）进行数据标准化处理与相关分析

运用SPSS统计分析软件对46个国家或地区消费潜力指标进行标准化处理，以消除无量纲与数量级的不同。通过SPSS自动对原始数据进行标准化处理，所以在得到计算结果后的变量都是指经过标准化处理后的变量，并通过系数相关矩阵相关选项同时得到相关矩阵，如表4-11所示。

表4-11　相关矩阵

	年中人口数	人口增长率	人口密度	第三产业（2014年）	国内生产总值（2015年）	国内生产总值增长率	人均国内生产总值	服务业增加占国内生产总值比重	居民最终消费率	消费价格指数
年中人口数	1.000	0.010	-0.071	-0.413	0.462	0.324	-0.214	-0.248	0.016	0.117
人口增长率	0.010	1.000	0.070	-0.456	-0.191	0.496	-0.287	-0.422	0.450	0.293
人口密度	-0.071	0.070	1.000	0.113	-0.095	0.001	0.318	0.194	-0.464	-0.121
第三产业（2014年）	-0.413	-0.456	0.113	1.000	0.178	-0.567	0.715	0.850	-0.456	-0.405

续表

	年中人口数	人口增长率	人口密度	第三产业（2014年）	国内生产总值（2015年）	国内生产总值增长率	人均国内生产总值	服务业增加占国内生产总值比重	居民最终消费率	消费价格指数
国内生产总值（2015年）	0.462	-0.191	-0.095	0.178	1.000	0.045	0.370	0.253	0.056	-0.258
国内生产总值增长率	0.324	0.496	0.001	-0.567	0.045	1.000	-0.170	-0.455	0.167	-0.351
人均国内生产总值	-0.214	-0.287	0.318	0.715	0.370	-0.170	1.000	0.734	-0.477	-0.586
服务业增加占国内生产总值比重	-0.248	-0.422	0.194	0.850	0.253	-0.455	0.734	1.000	-0.311	-0.349
居民最终消费率	0.016	0.450	-0.464	-0.456	0.056	0.167	-0.477	-0.311	1.000	0.362
消费价格指数	0.117	0.293	-0.121	-0.405	-0.258	-0.351	-0.586	-0.349	0.362	1.000

从表4-11可知，第三产业（2014年）与人均国内生产总值和服务业增加占国内生产总值比重这两个指标存在着极其显著的关系，可见许多变量之间直接的相关性比较强，证明它们存在信息上的重叠。因此，需进行主成分的选取，明确对于国际间消费潜力贡献的主要指标。

（三）主成分提取

主成分个数提取原则为主成分对应的特征值大于1的前m个主成分。特征值在某种程度上可以被看成是表示主成分影响力度大小的指标，如果特征值小于1，说明该主成分的解释力度还不如直接引入一个原变量的平均解释力度大，因此，一般可以用特征值大于1作为纳入标准。通过SPSS软件进行因子分析，得到总体方差分析表如表4-12所示。

通过表4-12（方差分解主成分提取分析）可知，提取4个主成分，即m=4。说明有四个主成分对于国际间消费潜力影响较大。同时在进行因子分析的过程中，得到各因子得分系数（见表4-13）。

第四章 专题分析篇

表 4-12 解释的总方差

成分	初始特征值			提取平方和载入		
	合计	方差的%	累积%	合计	方差的%	累积%
1	3.847	38.470	38.470	3.847	38.470	38.470
2	1.764	17.639	56.109	1.764	17.639	56.109
3	1.453	14.527	70.635	1.453	14.527	70.635
4	1.100	10.998	81.633	1.100	10.998	81.633
5	0.878	8.777	90.410			
6	0.361	3.615	94.025			
7	0.291	2.913	96.937			
8	0.173	1.733	98.671			
9	0.101	1.013	99.684			
10	0.032	0.316	100.000			

注：提取方法为主成分分析法。

表 4-13 各因子得分系数矩阵

	成分			
	1	2	3	4
年中人口数	-0.321	0.633	0.364	-0.507
人口增长率	-0.609	0.067	-0.392	0.351
人口密度	0.299	0.094	-0.676	-0.414
第三产业（2014年）	0.916	-0.182	0.097	0.166
国内生产总值（2015年）	0.253	0.648	0.567	0.023
国内生产总值增长率	-0.479	0.698	-0.389	0.253
人均国内生产总值	0.849	0.270	-0.115	0.180
服务业增加占国内生产总值比重	0.865	-0.059	0.139	0.151
居民最终消费率	-0.622	-0.109	0.366	0.533
消费价格指数	-0.543	-0.567	0.246	-0.341

由表 4-13 可知，年中人口数、人均国内生产总值、服务业增加占国内生产总值比重和人口密度在第一主成分上有较高载荷，说明第一主成分基本反映了这些指标的信息；第三产业（2014年）、国内生产总值（2015年）和国内生产总

值比重在第二主成分上有较高载荷,说明第二主成分基本反映了第三产业(2014年)、国内生产总值(2015年)和国内生产总值比重三个指标的信息,消费价格指数在第三主成分上有较高载荷,说明第三主成分基本反映了消费价格指数的信息;人口增长率、居民最终消费率在第四主成分上有较高载荷,说明第四主成分基本反映了这两个指标的信息。提取四个主成分是可以基本反映全部指标信息的,所以决定用四个新变量来代替原来的10个变量。

(四)竞争力综合得分

这三个新变量的表达还不能从输出窗口中直接得到,需要将其特征向量运用SPSS描述性功能求出来,与标准化后的数据相乘,然后就可以得出主成分表达式如下:

$$F_1 = -0.16 \times Z 年中人口数 - 0.31 \times Z 人口增长率 + 0.15 \times Z 人口密度 + 0.47 \times Z 第三产业(2014年) + 0.13 \times Z 国内生产总值(2015年) - 0.24 \times Z 国内生产总值增长率 + 0.43 \times Z 人均国内生产总值 + 0.44 \times Z 服务业增加占国内生产总值比重 - 0.32 \times Z 居民最终消费率 - 0.28 \times Z 消费价格指数 \quad (4-4)$$

$$F_2 = 0.48 \times Z 年中人口数 + 0.05 \times Z 人口增长率 + 0.07 \times Z 人口密度 - 0.14 \times Z 第三产业(2014年) + 0.49 \times Z 国内生产总值(2015年) + 0.53 \times Z 国内生产总值增长率 + 0.20 \times Z 人均国内生产总值 - 0.04 \times Z 服务业增加占国内生产总值比重 - 0.08 \times Z 居民最终消费率 - 0.43 \times Z 消费价格指数 \quad (4-5)$$

$$F_3 = 0.30 \times Z 年中人口数 - 0.33 \times Z 人口增长率 - 0.56 \times Z 人口密度 + 0.08 \times Z 第三产业(2014年) + 0.47 \times Z 国内生产总值(2015年) - 0.32 \times Z 国内生产总值增长率 - 0.10 \times Z 人均国内生产总值 + 0.12 \times Z 服务业增加占国内生产总值比重 + 0.30 \times Z 居民最终消费率 + 0.20 \times Z 消费价格指数 \quad (4-6)$$

$$F_4 = -0.48 \times Z 年中人口数 + 0.33 \times Z 人口增长率 - 0.39 \times Z 人口密度 + 0.16 \times Z 第三产业(2014年) + 0.02 \times Z 国内生产总值(2015年) + 0.24 \times Z 国内生产总值增长率 + 0.17 \times Z 人均国内生产总值 + 0.14 \times Z 服务业增加占国内生产总值比重 + 0.51 \times Z 居民最终消费率 - 0.33 \times Z 消费价格指数 \quad (4-7)$$

通过上述四个新变量,代入经标准化处理的数据可以计算四个变量的得分

第四章 专题分析篇

值，然后以每个主成分所对应的特征值占所提取主成分总的特征值之和的比例作为权重计算主成分综合模型，得到综合模型如下：

$$F = F1 \times (3.847/8.164) + F2 \times (1.764/8.164) + F3 \times (1.453/8.164) + F4 \times (1.100/8.164) \quad (4-8)$$

根据主成分综合模型即可计算综合主成分值，并对其按综合主成分值进行排序，即可对各地区进行综合评价比较，结果如表 4 – 14 所示。

表 4 – 14 国际间消费潜力综合评价结果

国家或地区	F1	F2	F3	F4	F	排序
美国	1.86	0.98	1.06	1.15	1.43	1
荷兰	2.35	0.07	-0.19	-0.19	1.06	2
法国	1.99	-0.08	0.32	0.27	1.01	3
英国	1.69	0.03	0.33	0.98	1	4
日本	1.75	-0.08	0.74	-0.12	0.92	5
西班牙	1.7	0	0.47	0.11	0.9	6
澳大利亚	1.54	0.35	-0.4	0.91	0.85	7
加拿大	1.62	-0.1	0.09	0.55	0.83	8
德国	1.58	0.17	0.11	0.14	0.82	9
意大利	1.56	-0.26	0.66	0.1	0.81	10
新加坡	2.48	0.4	-2.16	-1.12	0.72	11
韩国	1.07	0.1	-0.17	-0.36	0.45	12
巴西	0.83	-1.56	1.14	-0.2	0.23	13
波兰	0.38	0.09	0.25	-0.19	0.22	14
捷克	0.53	0.29	-0.31	-0.49	0.19	15
俄罗斯	0.73	-1.59	1.05	-1.34	0.01	16
南非	-0.06	-0.68	0.01	0.5	-0.1	17
墨西哥	-0.44	-0.21	0.1	0.63	-0.15	18
中国	-1.32	1.69	0.4	-0.59	-0.26	19
乌克兰	0.28	-3.18	2.38	-1.76	-0.37	20
马来西亚	-0.9	0.36	-0.83	0.17	-0.47	21
土耳其	-1.16	-0.3	0.02	0.53	-0.54	22

续表

国家或地区	F1	F2	F3	F4	F	排序
菲律宾	-1.47	0.28	-0.33	1.06	-0.55	23
斯里兰卡	-1.29	0.02	-0.5	0.33	-0.57	24
印度尼西亚	-1.65	0.24	-0.52	-0.42	-0.88	25
越南	-2.33	0.72	-0.68	0.16	-1.04	26
蒙古	-1.73	-0.74	-0.24	-0.29	-1.06	27
印度	-2.35	1.07	-0.36	-0.91	-1.07	28
埃及	-2.6	-0.45	-0.02	1.15	-1.17	29
柬埔寨	-3.01	0.61	-0.56	1.09	-1.24	30
巴基斯坦	-2.85	0.06	-0.3	1.01	-1.25	31

三、国际间消费潜力评价结论与分析

1. 国际间消费潜力不均衡

从综合评价结果来看，总体上发达国家消费潜力优势非常明显，发达国家占前十强里面的比例达到了100%，进入前十位的发达国家分别是美国、荷兰、法国、日本、英国、德国、意大利、西班牙、澳大利亚、加拿大。随着国际化战略的实施与推进，新加坡、韩国等新兴发达地区也排名在前列，而广大的发展中国家排名基本靠后，并且其消费潜力和消费环境竞争力并不明显。

另外，从综合竞争力得分情况来看，有17个国家消费潜力得分为正，其他14个国家消费潜力得分为负，得分为正的国家占据一半以上，表明全球整体上来看，消费潜力大的国家占据大部分，但还有接近一半的国家消费潜力不足，对于综合竞争力不足的原因，笔者认为既有经济的原因也有社会人口方面的原因，更有国家综合国力不足方面的原因，这些都是综合影响它们消费潜力的主要原因。

2. 各个国家间的消费潜力有所差别

从前面提取的四大主成分来看，年中人口数、人均国内生产总值、服务业增加占国内生产总值比重和人口密度在第一主成分上有较高载荷，而这一主成分又

第四章 专题分析篇

刚好是国际间消费潜力的主要评价指标，基本上代表了国家消费潜力的整体水平，更是反映了国际间的消费潜力；而第三产业（2014 年）、国内生产总值（2015 年）和国内生产总值比重在第二主成分上有较高载荷，而这一主成分又刚好是国际间消费状况的主要评价指标，基本上代表了各个国家的消费状况；消费价格指数在第三成分上有较高载荷，这一主成分又刚好是国际间消费环境的主要评价指标，基本上代表了各个国家的消费环境；人口增长率、居民最终消费率在第四主成分上有较高载荷，这一成分又刚好是国际间消费基础的主要评价指标，基本上代表了各个国家的消费基础。从这四个主成分的得分值排序来看，如表 4 - 15 所示。

表 4 - 15　国际间消费综合潜力评价

排序	综合消费潜力	国际间消费潜力	国际间消费状况	国际间消费环境	国际间消费基础
1	美国	新加坡	中国	乌克兰	美国
2	荷兰	荷兰	印度	巴西	埃及
3	法国	法国	美国	美国	柬埔寨
4	英国	美国	越南	俄罗斯	菲律宾
5	日本	日本	柬埔寨	日本	巴基斯坦
6	西班牙	西班牙	新加坡	意大利	英国
7	澳大利亚	英国	马来西亚	西班牙	澳大利亚
8	加拿大	加拿大	澳大利亚	中国	墨西哥
9	德国	德国	捷克	英国	加拿大
10	意大利	意大利	菲律宾	法国	土耳其
11	新加坡	澳大利亚	印度尼西亚	波兰	南非
12	韩国	韩国	德国	德国	斯里兰卡
13	巴西	巴西	韩国	墨西哥	法国
14	波兰	俄罗斯	波兰	加拿大	马来西亚
15	捷克	捷克	荷兰	土耳其	越南
16	俄罗斯	波兰	巴基斯坦	南非	德国
17	南非	乌克兰	英国	埃及	西班牙

续表

排序	综合消费潜力	国际间消费潜力	国际间消费状况	国际间消费环境	国际间消费基础
18	墨西哥	南非	斯里兰卡	斯里兰卡	意大利
19	中国	墨西哥	西班牙	韩国	日本
20	乌克兰	马来西亚	法国	荷兰	波兰
21	马来西亚	土耳其	日本	蒙古	荷兰
22	土耳其	斯里兰卡	加拿大	巴基斯坦	巴西
23	菲律宾	中国	墨西哥	捷克	蒙古
24	斯里兰卡	菲律宾	意大利	菲律宾	韩国
25	印度尼西亚	印度尼西亚	土耳其	印度	印度尼西亚
26	越南	蒙古	埃及	澳大利亚	捷克
27	蒙古	越南	南非	印度尼西亚	中国
28	印度	印度	蒙古	柬埔寨	印度
29	埃及	埃及	巴西	越南	新加坡
30	柬埔寨	巴基斯坦	俄罗斯	马来西亚	俄罗斯
31	巴基斯坦	柬埔寨	乌克兰	新加坡	乌克兰

综观国际间消费综合潜力评价表格，可以明显地看出，在综合消费潜力的排序基础上，如果将国际间消费潜力、国际间消费状况、国际间消费环境和国际间消费基础进行单独排序的话，各国家的消费潜力有所差别，通过其相关的分析主要体现在如下四个方面：

第一，综合消费潜力与国际间消费潜力方面。有些国家可能综合消费潜力比较不太强，但是国际间消费潜力却很强，如新加坡综合消费优势排名第十一位，但是国际间的消费潜力却排到了第一位，进一步分析认为，新加坡人均国内生产总值高，而且服务业增加占国内生产总值比重大，因而其国际间的消费潜力明显。

第二，综合消费潜力与国际间消费状况方面。国际间消费状况反映了国家的总消费情况，在国际间消费状况排比中大多数发展中国家排到了前列，如第一的中国、第二的印度、第四的越南及第五的柬埔寨等发展中国家。在前五的国家排名中仅有美国一个发达国家在列。说明随着国际化的发展，发展中国家的经济发展速度提高，中国、印度等几个大的发展中国家国内生产总值并不比发达国家少。

第三，综合消费潜力与国际间消费环境方面。在国际间消费环境排名中，最显著的要数乌克兰（第一）、巴西（第二）、中国（第八）等国家，这些国家综合消费潜力不具备优势，但是其消费环境显著，究其原因，笔者认为主要是这些国家物价水平较稳定，政府通过消费价格指数，及时了解全国价格变动的基本情况，制定政策和计划进行宏观调控。

第四，综合消费潜力与国际间消费基础方面。在国际间消费基础排名中，除美国（第一）外，前五名中有四名都是发展中国家，分别是埃及（第二）、柬埔寨（第三）、菲律宾（第四）、巴基斯坦（第五）。因为发展中国家人口增长率很高，人口基数大，居民最终消费率高，从而使那么多发展中国家能在国际消费基础排名中靠前。

四、国际间消费潜力的影响因素

（一）研究方法与模型变量

1. 研究方法

为了分析影响国际消费潜力的因素，进一步明确其作用大小和影响程度。本书利用线性回归对31个国家进行分析，以求更客观地分析影响国际消费潜力的作用方向，更准确地测定其影响程度。同时，以该国家的消费潜力为因变量，应用统计学中逐步回归筛选自变量的准则，根据残差平方准则和统计量显著性检验准则，考虑选取自变量构造模型。通过SPSS统计软件线性逐步回归分析处理，根据得出的部分结果中的回归模型（方程）的拟合优度、回归系数，回归模型分析结果得出回归方程。

2. 模型变量

国际消费潜力受多方面的影响，借鉴学者的研究成果以及网上的资料，本书选取了有可能会影响国际消费潜力的四个因素：失业率、货币汇率、外汇储备、货物进口额进行分析。各变量的具体数据如表 4-16 所示，各变量的具体定义如表 4-17 所示。

表 4-16 变量具体数据

项目 国家	失业率 (X_1,%)	货币汇率 (X_2,元)	外汇储备 (X_3,亿美元)	货物进口额 (X_4,亿美元)	Y
中国	4.1	6.23	38592	16820	-0.26
柬埔寨	0.55	4067.75	56	144	-1.24
印度	5	64.15	3035	3920	-1.07
印度尼西亚	6.18	13389.41	1088	1427	-0.88
日本	3.4	121.04	12310	6485	0.92
韩国	3.6	1131.16	3588	4365	0.45
马来西亚	3.1	3.91	1146	1760	-0.47
蒙古	6.3	1970.31	15	38	-1.06
巴基斯坦	8.3	102.77	118	442	-1.25
菲律宾	6.3	45.5	721	586	-0.55
新加坡	1.7	1.38	2566	2967	0.72
斯里兰卡	4.7	135.86	73	191	-0.57
越南	2.31	22395	342	1661	-1.04
埃及	12.7	7.69	120	650	-1.17
南非	25.4	12.76	443	1046	-0.1
加拿大	6.9	1.28	746	4364	0.83
墨西哥	4.3	15.85	1909	4053	-0.15
美国	5.3	1	1190	23079	1.43
巴西	6.8	3.33	3610	1788	0.23
捷克	5.1	24.6	541	1405	0.19
法国	10.4	0.9	495	5727	1.01
德国	6	0.9	623	10500	0.82
意大利	11.9	0.9	477	4089	0.81
荷兰	6.9	0.9	193	5058	1.06
波兰	7.5	3.77	965	1926	0.22
俄罗斯	5.6	60.94	3394	1941	0.01

第四章 专题分析篇

续表

项目 国家	失业率 (X_1, %)	货币汇率 (X_2, 元)	外汇储备 (X_3, 亿美元)	货物进口额 (X_4, 亿美元)	Y
西班牙	22.1	0.9	395	3093	0.9
土耳其	10.3	2.72	1069	2072	−0.54
乌克兰	9.3	21.85	66	363	−0.37
英国	5.4	0.66	957	6258	1
澳大利亚	6.1	1.33	508	2084	0.85

表4-17 变量具体定义

变量	代码	变量含义及取值
失业率	X_1	反映一个国家或地区失业状况的主要指标，为百分比形式
货币汇率	X_2	一国货币兑换另一国货币的比率，是以一种货币表示的另一种货币的价格，单位为1美元合本币数
外汇储备	X_3	一国政府所持有的国际储备资产中的外汇部分，指国家国际清偿力，单位为亿美元
货物进口额	X_4	指一定时期内一国从国外向国内进口货物的总值，单位为亿美元

（二）样本描述与实证分析

1. 数据来源与样本描述

本书对国际间的消费潜力开展调研，受调研的国家或地区共47个，覆盖了亚洲、欧洲、非洲、北美洲、南美洲和大洋洲6个大洲，调查数据从《国家统计年鉴》（2016）可得。此次调查的样本数量及其包含的信息非常丰富，足以支持深入的实证分析，而且样本具有较强的代表性，既包括了发达国家，又包括了发展中国家，能够较好地反映国际级消费潜力。剔除数据不齐全的无效样本后，有效样本共有工业企业31个，样本统计描述如表4-18所示。

2. 模型估计与检验

根据前文所述研究方法，将上述4个可能影响因素赋值后，运用SPSS17.0进行线性回归分析得出结果如表4-19所示，4个变量全部通过了拟合优度检验。

开放型经济发展的评价与思考

表4-18 变量名称与统计描述

变量名称	代码统计量	均值统计量	标准差统计量	偏度统计量	峰度统计量
失业率	X_1	7.210968	5.2355238	2.183	5.597
货币汇率	X_2	1406.3468	4.6233597E3	3.936	15.821
外汇储备	X_3	2624.23	7057.381	4.786	24.301
货物进口额	X_4	3880.71	4949.574	2.688	8.024

表4-19 回归分析结果

指标	B（回归系数）	S.E.	Sig.
常量	-0.206	0.159	0.206
X_1	0.000	0.631	3.719
X_2	0.001	0.000	0.001
X_3	-0.001	0.000	0.046
X_4	-0.005	0.000	0.060

3. 实证结果分析

根据线性回归的结果，可以得到如下结论：

货币汇率对国际国家消费潜力有显著的作用，这说明货币汇率对国际国家消费潜力具有显著的影响作用。货币汇率的变化影响进出口商品价格、企业利润、居民投资等方面发生变化，间接关系到国际国家的消费水平以及消费内容，最后影响国际间国家的消费潜力。在世界经济一体化、贸易金融自由化的时代，汇率水平已经成为影响一国经济的重要因素。汇率变动引起不同的国家之间货币的价格不同，这样对于进出口贸易来说，严重影响着国内商品的价格。商品的价格会影响到普通民众对于商品的需求量，甚至对于替代产品的需求量。若是本国的货币汇率上升，也就是说同样价值的东西，出口到国外之后，货物的价格在汇率变动前后是不同的。因此，本国货币汇率上升导致这个国家的货物在国外的价格上升，价格影响货物的需求量，也就影响了在国际上的消费潜力。货币汇率变动通过对国际贸易的价格以及国际财富产生促进或者抑制的作用影响国际间国家的消费潜力。

第四章 专题分析篇

外汇储备是影响国际间国家的消费潜力的重要因素，外汇储备对于一个开放经济体而言至关重要，是融通国际收支赤字、干预外汇市场维持本币汇率稳定、举借和偿还外债的保证等。但持有外汇储备是有一定代价的，储备增长过快会带来通胀压力，使本币产生升值压力。货币升值意味着人们的劳动产品和劳动必须以更低廉的价格卖出，人的劳动与劳动产品相应贬值，从而导致经济下滑、收入降低，进而使消费降低，消费降低直接影响到这个国家在国际间的消费潜力。

货物进口额对国际间国家的消费潜力有正向作用，这说明货物的进口额越大国家的消费潜力可能越大。长期以来，关于出口贸易对经济增长的带动作用一直是关注的焦点，因为出口意味着扩大市场，增加就业和取得外汇收入。但是决定经济增长的因素还是国内市场的需求状况，而进口贸易的作用不容忽视。货物进口额越多意味着这个国家的消费需求超过了本国的生产供给能力，需要增加进口来弥补供给缺口，也就意味着这个国家有更大消费潜力。

五、对策建议

（一）挖掘国家消费潜力

一是保障社会足够的消费群体和消费能力。

二是大力发展第三产业，减少对第一、第二产业的依赖，逐步转型为第三产业为主，促进国家消费潜力持续健康发展。

三是实施积极的财政政策和稳健的货币政策，着力加强供给侧结构性改革，去产能、去库存、去杠杆、降成本、补短板，提高供给体系质量和效率，促进国家经济金融更高质量、更有效率、更加公平、更可持续发展。为国家消费潜力的发展奠定经济基础。

四是加强金融监管，完善宏观审慎政策框架。完善金融风险监测、评估、预警和处置体系建设，全面排查风险隐患。

五是通过适当提高物价、增加劳动者报酬、增加全社会资本的利息收入等形式，促进国内生产总值不断增长。

六是提高居民消费率。调整分配结构，增加居民可支配收入；加强社会保障,减少居民消费的后顾之忧;促进消费结构升级,通过提升有效供给提高人们的支出意愿。

(二) 利用消费潜力提升国家竞争力

鉴于消费潜力对国家竞争力的巨大作用,在强化和提升国家生产竞争力的同时,还必须培育和发展国家消费潜力,以使国际消费潜力均衡发展,推动国家竞争力这架"战机"的腾飞。具体有以下建议:

一是努力增强居民收入,提高消费能力,这是增强消费潜力的根本途径。

二是大力开展消费信贷,解除消费所遇到的"流动性约束"。

三是改善宏观消费环境,取消不利于国家竞争力发展的消费政策。

第五章

案例讨论篇

第一节　北京对外经济贸易合作演变趋势与策略研究

北京作为我国的首都，全国的贸易中心，在经济全球化的大环境中，表现出对外贸易额迅猛扩张、外贸结构不断优化、不断深化等特征，但由于每年受到经济水平、科技实力、政府支持程度等的影响不同，对外经济贸易合作也有所不同。

对外开放伊始，我国的部分领域即开始对外进行经济贸易合作。中美合资的建国饭店，即是我国首批批准设立的3家外商投资企业之一。此后，随着国民经济的发展，对外开放的领域日益扩大。目前，我国行业很多领域，外国投资者均已不同程度地参与了投资。截至2001年底，以服务业为中心的第三产业累计合同外资额2680亿美元，占全国合同外资总额的35.97%。

区域经济一体化（REI）在推动全球自由贸易和实现参与国既定战略目标方面，发挥了重要作用。近几年，我国加快参与区域经济一体化的步伐，相继发起或参与了9个自由贸易区谈判，对促进贸易增长和高国际经济地位意义重大。

在此背景下，服务、资产评估、出版、印刷、建筑、房地产及物业管理、音像制品、餐饮及娱乐、维修、咨询、广告、医疗、教育、租赁、商检、工程设计等领域均已不同程度地对外进行经济贸易合作。由此可见，我国的对外经济贸易合作已由过去的个别领域、少数部门发展到了多领域、多部门，基本形成了整体开放的新格局。

本书根据现有的研究理论方法和分析方法，利用 2003~2015 年境外投资情况、北京地区对外经济合作、北京地区对外经济贸易的数据，对北京 2003~2015 年的对外经济贸易合作的水平格局演变和影响因素进行分析，完善北京地区对外经济贸易合作的年份差异的研究，并对北京地区对外经济贸易合作的发展趋势进行预测，以丰富对外经济贸易合作的理论和实践。

一、北京对外经济贸易合作演变趋势指标选取

严宝玉（2006）研究了金融机构贷款对对外贸易发展的作用。高士亮、熊磊（2008）从各省市自身 FDI、GDP、劳动力人数及国内投资四个因素分析我国进出口贸易，从而进一步深度挖掘我国对外贸易。贾怀勤（2009）从固定资产投资、消费、政府财政支出、宏观调控、外国投资、对外贸易六个因素分析对外经济贸易及中国经济波动。杨梓桐（2014）从技术、产业结构、外商投资和汇率四个因素分析我国对外贸易结构的变动。孙东林（2014）选取了 1983~2012 年北京市进出口总额的有关数据进行具体分析，得出北京市贸易规模大，增长速度高，贸易逆差明显，且进口主体主要是国有企业，进口方式主要是一般贸易，原材料、生产设备是构成贸易逆差的主要因素。杨俊玲、林季红（2016）从贸易双方的 GDP、距离、人均 GDP 差距、服务联系成本、APTA 和 ASEAN 五个方面分析对各类细分贸易的影响。基于上述分析，笔者建立了北京地区对外经济贸易合作情况影响因素体系（见表 5-1）。

第五章 案例讨论篇

表 5-1 北京地区对外经济贸易合作情况影响因素体系

目标层	二级因素	三级因素
北京地区对外经济贸易合作情况影响因素体系	进出口总值及对外经济合作情况	进出口总值
		出口总值
		高新技术产品出口值
		机电产品出口值
		进口总值
		高新技术产品出口值
		机电产品出口值
		对外经济合作合同数
		对外经济合作合同额
		对外经济合作完成营业额
		对外经济合作年末在外人数
	境外投资状况	境外投资中方投资额
		境外投资截止到各年期末直接投资存量

二、北京对外经济贸易合作演变趋势的实证分析

（一）数据来源

本书计算所需数据主要来源于 2003~2015 年《中国统计年鉴》以及北京市统计年鉴的相关指标和统计年报进行统计分析。

（二）研究方法

采集原始数据，北京地区对外经济贸易合作数据如表 5-2、表 5-3、表 5-4 所示。

表 5-2 1980~2015 年北京地区对外经济贸易原始数据

单位：万美元，个

项目 年份	进出口总值	出口总值	高新技术产品出口值	机电产品出口值	进口总值	高新技术产品出口值	机电产品出口值	外商直接投资项目（合同）个数	实际利用外商直接投资额
1980								4	
1981~1985								124	
1981								3	

开放型经济发展的评价与思考

续表

年份\项目	进出口总值	出口总值	高新技术产品出口值	机电产品出口值	进口总值	高新技术产品出口值	机电产品出口值	外商直接投资项目（合同）个数	实际利用外商直接投资额
1982								4	
1983	3059926	1468740			1591186			5	
1984	3559284	1757704			1807580			29	
1985	3254341	437398			2816943			83	
1986~1990	13945243	1865234			12080009			709	
1986	3060236	371282			2688954			63	
1987	2670466	354374			2316092			72	9534
1988	2988576	395887			2592689			148	50278
1989	2861489	302343			2559146			185	31846
1990	2364476	441348			1923128			241	27696
1991~1995	14305670	3547263			10758405			10912	410896
1991	2424137	457114			1967023			724	24482
1992	2498241	561037		158735	1937204	271005	731359	2208	34984
1993	2791700	669930		151133	2121769	302965	885074	3753	66693
1994	2888079	834205		194937	2053873	421071	1121082	2675	144460
1995	3703513	1024977		281810	2678536	407176	1225200	1552	140277
1996~2000	17397285	5011639		1609152	12385646	2242338	5049210	4100	989794
1996	2931833	811975		254450	2119858	240903	733641	868	155290
1997	3038852	961103		271119	2077749	346166	766288	790	159286
1998	3050608	1051293		325390	1999315	347556	909222	651	206415
1999	3435951	990352		320852	2445599	567687	1213857	644	223004
2000	4940041	1196916	226549	437341	3743125	740026	14266202	1147	245799
2001~2005	39258570	9270820	2525916	4291246	29987748	5318558	10501427	7821	1231631
2001	5149809	1177236	263382	477568	3972572	992797	1883151	1147	177000
2002	5250529	1261386	314174	570971	3989142	916363	1701504	1370	178964
2003	6850017	1688682	396489	715369	5161335	990357	1949077	1362	214675
2004	9457572	2056926	580929	970117	7400647	1053395	2271805	1806	308354
2005	12550643	3086590	970942	1557231	9464052	1365646	2695890	2136	352638
2006~2010	113918161	24817747	8781469	14861935	89100414	11589524	25107110	9232	2818387

第五章 案例讨论篇

续表

年份\项目	进出口总值	出口总值	高新技术产品出口值	机电产品出口值	进口总值	高新技术产品出口值	机电产品出口值	外商直接投资项目(合同)个数	实际利用外商直接投资额
2006	15803663	3795398	1388925	2170700	12008265	1704997	3786847	2106	455191
2007	19299976	4892639	1797751	2862301	14407337	2360093	4477646	2177	506572
2008	27169290	5749961	1906381	3354179	21419329	2417936	4987666	1897	608172
2009	21479103	4835807	1751571	3080447	16643296	2357239	5194072	1423	612094
2010	30166129	5543924	1936840	3394308	24622187	2749258	6660878	1629	636358
2011~2015	196258645	29872913	9027650	18089490	166385732	14606903	36430695	6599	4565745
2011	38958314	5899770	1811744	3523452	33058544	3145224	7667795	1345	705447
2012	40810735	5963212	1901750	3737918	34847523	2987939	7217809	1360	804160
2013	42994169	6309757	2035695	3894782	36684413	2923787	7167539	1190	852418
2014	41553810	6233597	1874973	3789748	35320213	2937309	7785199	1318	904085
2015	31941616	5466577	1403488	3143590	26475039	2612644	6592353	1386	1299635

表5-3 1984~2015年对外经济合作原始数据

年份\项目	合同份数(份)	对外承包工程合同份数(份)	合同额(万美元)	对外承包工程合同额(万美元)	完成营业额(万美元)	对外承包工程完成营业额(万美元)	年末在外人数(人)	对外承包工程年末在外人数(人)	对外劳务合作年末在外人数(人)
1984	9	2	2801	2768	502	331	541	163	378
1985	12	2	852	736	2083	355	2401	18	2383
1986	30	7	446	319	1535	90	837	71	766
1987	37	5	547	354	696	186	690	20	670
1988	46	5	885	344	802	281	819	104	715
1989	111	7	1685	235	1018	459	600	83	517
1990	105	16	3756	2253	1056	625	336	25	311
1991	114	9	3202	1671	1897	1469	980	306	674
1992	130	16	8889	7762	3140	2543	852	264	688
1993	143	48	29397	27625	9748	8871	1555	532	1023
1994	114	34	15715	15089	18783	17822	2720	1694	1026

开放型经济发展的评价与思考

续表

项目\年份	合同份数（份）	对外承包工程合同份数（份）	合同额（万美元）	对外承包工程合同额（万美元）	完成营业额（万美元）	对外承包工程完成营业额（万美元）	年末在外人数（人）	对外承包工程年末在外人数（人）	对外劳务合作年末在外人数（人）
1995	116	35	15613	14014	12789	12156	2604	1297	1307
1996	116	49	67689	62945	43057	38124	2516	1559	957
1997	107	37	35640	23374	29629	17945	3122	1993	1129
1998	180	48	25526	19292	31009	24930	3647	2239	1408
1999	90	28	25232	18715	26617	19690	3476	2199	1277
2000	104	54	16285	9936	19799	13543	3205	1660	1545
2001	105	54	21439	14758	18628	11680	3494	2141	1353
2002	73	42	27949	19376	23160	14453	2134	1112	1022
2003	117	99	48271	30761	34926	17334	2097	1270	827
2004	128	116	81185	51136	59630	29241	2552	1629	923
2005	272	238	93732	56709	71281	35554	4424	2528	1896
2006	232	166	176752	160328	83518	70062	8962	6760	2202
2007	317	143	236881	211560	94077	71727	11299	7060	4239
2008	486	197	558714	520973	168416	131686	11422	6366	5056
2009	190	182	336223	296851	226893	185017	17121	11805	5316
2010	199	170	286179	251114	259794	222514	22499	17145	5354
2011	229	229	264019	262078	252951	249146	17821	12393	5428
2012	340	340	405885	403475	295639	289902	16747	12143	4604
2013	349	349	564383	562440	341046	335854	20136	16549	4487
2014	283	283	437463	429369	365358	357432	29457	21683	7774
2015	208	208	471988	464808	370880	354868	34183	19287	14896

表 5-4 2003~2015 年境外投资情况原始数据   单位：万美元

项目\年份	中方投资额	截止到各年期末直接投资存量
2003	30054	44844
2004	15739	70086
2005	11306	92940

第五章 案例讨论篇

续表

年份 \ 项目	中方投资额	截止到各年期末直接投资存量
2006	5612	91873
2007	15295	159195
2008	47299	251019
2009	45185	375865
2010	76614	480882
2011	11503	603380
2012	168900	757800
2013	413010	1276456
2014	727353	2848870
2015	933545	3056363

（三）进行数据标准化处理与相关分析

运用 SPSS 统计分析软件对 2003～2015 年北京地区对外经济贸易合作情况进行标准化处理，以消除变量间的量纲关系。通过 SPSS 自动对原始数据进行标准化处理，所以在得到计算结果后的变量都是指经过标准化处理后的变量，并同时通过系数相关矩阵相关选项同时得到相关矩阵，如表 5-5 所示。

从表 5-5 可知，北京地区对外经济贸易合作情况与每年的产品进出口值及进出口总值、对外经济合作及投资状况这几个因素存在着极其显著的关系，可见许多变量之间直接的相关性比较强，证明它们存在信息上的重叠。因此，需进行主成分的选取，明确对于北京地区对外经济贸易合作情况的主要因素。

（四）主成分提取

主成分个数提取原则为主成分对应的特征值大于 1 的前 m 个主成分。特征值在某种程度上可以被看成是表示主成分影响力度大小的指标，如果特征值小于 1，说明该主成分的解释力度还不如直接引入一个原变量的解释力度大，因此，一般可以用特征值大于 1 作为纳入标准。通过 SPSS 软件进行因子分析（见表 5-6）得到总体方差分析，如表 5-7 所示。

表 5-5　相关系数矩阵

	进出口总值	出口总值	高新技术产品出口值	机电产品出口值	进口总值	高新技术产品出口值	机电产品出口值	对外经济合作合同数	对外经济合作合同额	对外经济合作完成营业额	对外经济合作年末在外人数	境外投资中方投资额	境外投资截止到各年期末直接投资存量
进出口总值	1.000	0.929	0.815	0.927	0.999	0.946	0.974	0.478	0.804	0.915	0.783	0.538	0.620
出口总值	0.929	1.000	0.954	0.996	0.909	0.977	0.942	0.621	0.867	0.848	0.786	0.449	0.531
高新技术产品出口值	0.815	0.954	1.000	0.964	0.787	0.919	0.844	0.650	0.781	0.692	0.636	0.220	0.303
机电产品出口值	0.927	0.996	0.964	1.000	0.907	0.979	0.944	0.592	0.856	0.849	0.777	0.420	0.504
进口总值	0.999	0.909	0.787	0.907	1.000	0.931	0.967	0.453	0.786	0.914	0.774	0.545	0.626
高新技术产品出口值	0.946	0.977	0.919	0.979	0.931	1.000	0.977	0.485	0.781	0.861	0.794	0.421	0.520
机电产品出口值	0.974	0.942	0.844	0.944	0.967	0.977	1.000	0.370	0.758	0.927	0.854	0.532	0.631
对外经济合作合同数	0.478	0.621	0.650	0.592	0.453	0.485	0.370	1.000	0.693	0.262	0.148	0.058	0.064
对外经济合作合同额	0.804	0.867	0.781	0.856	0.786	0.781	0.758	0.693	1.000	0.805	0.714	0.576	0.586
对外经济合作完成营业额	0.915	0.848	0.692	0.849	0.914	0.861	0.927	0.262	0.805	1.000	0.936	0.758	0.813
对外经济合作年末在外人数	0.783	0.786	0.636	0.777	0.774	0.794	0.854	0.148	0.714	0.936	1.000	0.821	0.875
境外投资中方投资额	0.538	0.449	0.220	0.420	0.545	0.421	0.532	0.058	0.576	0.758	0.821	1.000	0.982
境外投资截止到各年期末直接投资存量	0.620	0.531	0.303	0.504	0.626	0.520	0.631	0.064	0.586	0.813	0.875	0.982	1.000

第五章 案例讨论篇

表 5-6 公因子方差

	初始	提取
进出口总值	1.000	0.932
出口总值	1.000	0.990
高新技术产品出口值	1.000	0.934
机电产品出口值	1.000	0.985
进口总值	1.000	0.908
高新技术产品出口值	1.000	0.946
机电产品出口值	1.000	0.936
对外经济合作合同数	1.000	0.647
对外经济合作合同额	1.000	0.793
对外经济合作完成营业额	1.000	0.966
对外经济合作年末在外人数	1.000	0.939
境外投资中方投资额	1.000	0.903
境外投资截止到各年期末直接投资存量	1.000	0.945

表 5-7 总体方差分析

成分	初始特征值			提取平方和载入		
	合计	方差的%	累积%	合计	方差的%	累积%
1	9.904	76.183	76.183	9.904	76.183	76.183
2	1.919	14.765	90.948	1.919	14.765	90.948
3	0.740	5.690	96.638			
4	0.258	1.987	98.625			
5	0.125	0.959	99.583			
6	0.024	0.181	99.764			
7	0.016	0.124	99.888			
8	0.007	0.055	99.943			
9	0.006	0.048	99.992			
10	0.001	0.006	99.998			
11	0.000	0.002	100.000			
12	0.000	0.000	100.000			
13	0.000	0.000	100.000			

注：提取方法为主成分分析法。

通过表 5-7 可知，提取 2 个主成分，即 m=2。说明有两个主成分对于北京地区对外经济贸易合作情况影响较大。同时在进行因子分析的过程中，得到了各因子得分系数，如表 5-8 所示。

表 5-8 各因子得分系数

	成分	
	F1（进出口总值及对外经济合作情况）	F2（境外投资状况）
进出口总值	0.964	-0.057
出口总值	0.968	-0.228
高新技术产品出口值	0.861	-0.438
机电产品出口值	0.962	-0.242
进口总值	0.952	-0.033
高新技术产品出口值	0.956	-0.180
机电产品出口值	0.967	-0.014
对外经济合作合同数	0.507	-0.624
对外经济合作合同额	0.883	-0.117
对外经济合作完成营业额	0.947	0.264
对外经济合作年末在外人数	0.883	0.398
境外投资中方投资额	0.635	0.707
境外投资截止到各年期末直接投资存量	0.705	0.670

注：提取方法为主成分分析法。

从表 5-8 可知，进出口总值、出口总值、高新技术产品出口值、机电产品出口值、进口总值、高新技术产品出口值、机电产品出口值、对外经济合作合同数、对外经济合作合同额、对外经济合作完成营业额和对外经济合作年末在外人数在第一主成分上有较高载荷，说明第一主成分基本反映了这些因素的信息；境外投资中方投资额和境外投资截止到各年期末直接投资存量在第二主成分上有较高载荷，说明第二主成分基本反映了境外投资中方投资额和境外投资截止到各年期末直接投资存量，所以提取两个主成分是可以基本反映全部指标的信息，因此

第五章 案例讨论篇

决定用两个新变量来代替原来的 13 个变量。

（五）影响因素综合情况

这两个新变量的表达还不能从输出窗口中直接得到，需要将其特征向量运用 SPSS 描述性功能求出来，与标准化后的数据相乘，然后就可以得出主成分表达式：

$$F1 = 0.31 \times Z\text{进出口总值} + 0.31 \times Z\text{出口总值} + 0.27 \times Z\text{高新技术产品出口值} + 0.31 \times Z\text{机电产品出口值} + 0.30 \times Z\text{进口总值} + 0.30 \times Z\text{高新技术产品出口值} + 0.31 \times Z\text{机电产品出口值} + 0.16 \times Z\text{对外经济合作合同数} + 0.28 \times Z\text{对外经济合作合同额} + 0.30 \times Z\text{对外经济合作完成营业额} + 0.28 \times Z\text{对外经济合作年末在外人数} + 0.20 \times Z\text{境外投资中方投资额} + 0.22 \times Z\text{境外投资截止到各年期末直接投资存量}。 \quad (5-1)$$

$$F2 = -0.04 \times Z\text{进出口总值} - 0.16 \times Z\text{出口总值} - 0.32 \times Z\text{高新技术产品出口值} - 0.17 \times Z\text{机电产品出口值} - 0.02 \times Z\text{进口总值} - 0.13 \times Z\text{高新技术产品出口值} - 0.01 \times Z\text{机电产品出口值} - 0.45 \times Z\text{对外经济合作合同数} - 0.08 \times Z\text{对外经济合作合同额} + 0.19 \times Z\text{对外经济合作完成营业额} + 0.29 \times Z\text{对外经济合作年末在外人数} + 0.51 \times Z\text{境外投资中方投资额} + 0.48 \times Z\text{境外投资截止到各年期末直接投资存量}。 \quad (5-2)$$

通过上述两个新变量，代入经标准化处理的数据可以计算两个变量的得分值，然后以每个主成分所对应的特征值占所提取主成分总的特征值之和的比例作为权重计算主成分综合模型，得到综合模型如下：

$$F = 0.252 \times Z\text{进出口总值} + 0.233 \times Z\text{出口总值} + 0.174 \times Z\text{高新技术产品出口值} + 0.231 \times Z\text{机电产品出口值} + 0.247 \times Z\text{进口总值} + 0.230 \times Z\text{高新技术产品出口值} + 0.257 \times Z\text{机电产品出口值} + 0.061 \times Z\text{对外经济合作合同数} + 0.221 \times Z\text{对外经济合作合同额} + 0.281 \times Z\text{对外经济合作完成营业额} + 0.881 \times Z\text{对外经济合作年末在外人数} + 0.250 \times Z\text{境外投资中方投资额} + 0.261 \times Z\text{境外投资截止到各年期末直接投资存量}。 \quad (5-3)$$

根据主成分综合模型即可计算综合主成分值，并对其按综合主成分值进行排序，即可对各年份进行综合评价比较，结果如表 5-9 所示。

表 5-9 北京地区各年份对外经济贸易合作综合情况

年份	产品进出口值及对外经济合作状况	境外投资状况	北京地区对外经济贸易合作情况影响因素体系	排序
2003	-5.32	1.11	-5.07	13
2004	-4.75	0.88	-4.60	12
2005	-3.54	-0.19	-3.64	11
2006	-2.35	-0.40	-2.41	10
2007	-0.88	-1.27	-1.18	9
2008	-0.12	-0.23	-0.03	8
2009	0.97	-2.24	0.21	7
2010	1.20	-0.29	1.40	6
2011	1.84	-0.71	1.57	5
2012	2.53	-0.98	2.05	4
2013	3.52	-0.98	2.05	3
2014	2.9	3.11	4.07	2
2015	3.98	1.63	4.45	1

从表 5-9 可知，2009~2015 年，产品进出口值及对外经济合作状况的综合评价值大于 0，2015 年为最高，说明该主成分的影响随着年份的增加对北京地区对外贸易合作影响越来越大，2015 年达到最大，预测未来还将发挥更大的作用。境外投资状况在 2014 年和 2015 年的综合评价值均大于 0，但 2015 年较 2014 年有所下降，说明随着年份的增长，境外投资状况对北京地区对外贸易合作影响在增大，但 2015 年较 2014 年有所下降。最后从综合评价来看，北京地区对外经济贸易合作情况影响因素体系的评价值 2003~2008 年均小于 0，但随着年份增加，综合评价值在不断地增大，2009~2015 年北京地区对外经济贸易合作情况影响因素体系的评价值均大于 0，且逐年增大，即北京地区对外经济贸易合作情况影响因素体系在北京地区对外贸易合作的成长与发展中发挥着越来越大的作用。

第五章 案例讨论篇

三、北京对外经济贸易合作演变趋势的影响因素分析

（一）研究方法与模型变量

1. 研究方法

北京地区对外经济贸易的年份分析进而预测北京地区对外经济贸易的发展趋势研究过程中，对被解释变量影响因素的衡量只能用离散变量，因其不遵循统计学上要求的正态分布，由普通最小二乘法和加权最小二乘法估计出系数的标准差和t检验值不适宜于统计学的假设检验，所以不能用普通最小二乘法和加权最小二乘法进行估计。为了分析影响北京地区对外经济贸易的因素，进一步明确其作用大小和影响程度。本书利用回归模型对北京地区对外经济贸易有关影响因素进行年份分析，以求更客观地分析影响北京地区对外经济贸易影响因素的作用方向，更准确地测定其影响程度。同时，以年份为因变量，对影响北京地区对外经济贸易影响因素进行分析：

$$\ln Y_i (1-Y) = \alpha_0 + \alpha_1 X_1 + \cdots + \alpha_i X_n \ (i = 1, 2, \cdots, n)$$

其中，Y_i 为年份因变量，X_i 表示第 i 个影响因素，α_i 表示第 i 个影响因素的回归系数，α_0 表示回归方程的回归常数。

2. 模型变量

北京地区对外经济贸易可能会受到多方面的影响，借鉴学者的研究成果，本书将影响，并各选取以下变量进行影响因素分析：①进出口总值及对外经济合作情况层面：海关出口贸易总值、海关进口贸易总值；②境外投资状况层面：金融外汇存储量、地方财政收入、实际利用外商直接投资额。各变量的具体定义及赋值标准如表 5-10 所示。

表 5-10 变量具体定义及赋值标准

变量	代码	变量含义
海关出口贸易总值	X_1	北京海关统计各年的北京地区出口贸易总金额，单位为万美元

续表

变量	代码	变量含义
海关进口贸易总值	X_2	北京海关统计各年的北京地区进口贸易总金额，单位为万美元
金融外汇存储量	X_3	北京地区各年金融外汇存储量，单位为万美元
地方财政收入	X_4	北京地区地方财政各年收入，单位为亿元
实际利用外商直接投资额	X_5	北京地区对外经济贸易实际利用外资直接投资额，单位为万美元

（二）样本描述与实证分析

1. 数据来源与样本描述

本书对北京地区对外经济贸易的各个影响因素进行分析和比较，在中国国家统计局的《北京统计年鉴》（2016）中选取影响北京对外经济贸易的主要因素，选取数据如表5－11所示。

表5－11　1987~2015年北京地区对外经济贸易原始数据

年份	海关出口贸易总值（万美元）	海关进口贸易总值（万美元）	金融外汇存储量（亿元）	地方财政收入（亿元）	实际利用外商直接投资额（万美元）
1987				63.62	9534
1988				68.11	50278
1989				71.05	31846
1990				740.1	27696
1991				77.02	24482
1992				80.25	34984
1993				84.10	66693
1994				99.85	144460
1995				115.26	140277
1996				150.90	155290
1997				209.91	159286
1998				262.01	206415
1999				320.44	223004

第五章 案例讨论篇

续表

年份	海关出口贸易总值（万美元）	海关进口贸易总值（万美元）	金融外汇存储量（亿元）	地方财政收入（亿元）	实际利用外商直接投资额（万美元）
2000			11526.0	398.39	245799
2001			14109.2	507.68	177000
2002			17438.4	600.96	178964
2003	736595	1156619	20476.0	665.94	214675
2004	1060916	1745980	23781.3	830.03	308354
2005	1709603	2322136	28969.9	1007.35	352638
2006	2320475	3207182	33793.3	1235.78	455191
2007	4892639	14407337	37700.3	1882.04	506572
2008	5745424	21425763	43980.7	2282.04	608172
2009	4835807	16643296	56960.1	2678.77	612094
2010	5543942	24622187	66584.6	3810.91	636358
2011	5899770	33058544	75001.9	4359.10	705447
2012	5963212	34847523	84837.3	4573.72	804160
2013	6309757	36684413	91660.5	5566.08	852418
2014	6233597	35320213	100095.5	7214.54	904085
2015	5466577	26475039	128573.0	6813.84	1299635

此次选择的研究因素数量及其包含的信息非常丰富，足以支持深入的实证分析，而且研究因素具有较强的代表性，既包括了进出口总值及对外经济合作情况层面又包括境外投资状况层面，能够较好地反映北京地区对外经济贸易的现状。变量名称与统计描述如表5-12所示。

表5-12 变量名称与统计描述

变量名称	代码统计量	均值统计量	标准差统计量	偏度统计量	峰度统计量
海关出口贸易总值	X_1	4362947.231	2009707.185	-0.897	-1.012
海关进口贸易总值	X_2	19378171.69	13271377.84	-0.182	-1.615
金融外汇存储量	X_3	60955	32192.30389	0.593	-0.529
地方财政收入	X_4	3301.549231	2180.33028	0.504	-1.049
实际利用外商直接投资额	X_5	635369.1538	278479.8616	0.760	1.024

2. 模型估计与检验

根据前文所述研究方法，将上述 5 个可能影响因素赋值后，运用 SPSS17.0 对二元回归模型进行回归分析。首先我们采用的是"进入"方法进行线性回归分析，得出结果如表 5 - 13 所示。

表 5 - 13　进入回归系数表

模型	非标准化系数		标准系数	t	Sig.
	B	标准误差	试用版		
（常量）	2001.572	0.365		5489.660	0.000
海关出口贸易总值（万美元）	0.000	0.000	0.294	2.173	0.066
海关进口贸易总值（万美元）	0.000	0.000	-0.024	-0.145	0.889
金融外汇存储量（亿元）	0.000	0.000	0.625	1.848	0.007
地方财政收入（亿元）	0.000	0.000	0.191	1.161	0.284
实际利用外商直接投资额（万美元）	0.000	0.000	-0.040	-0.167	0.872

从表 5 - 13 可知，选取的 5 个变量中 2 个变量通过了拟合优度检验，其余 3 个变量被排除。得出金融外汇存储量有显著的正向作用，海关出口贸易总值、地方财政收入、实际利用外商直接投资额呈现不显著作用而被排除。同时，也得出海关出口贸易总值有显著的正向作用。

四、北京地区各年份对外经济贸易合作综合情况分析与启示

（一）实证结果分析

1. 进出口总值及对外经济合作情况层面

通过第一部分的主成分分析得知，2003~2015 年产品进出口总值及对外经济合作状况一直都在增大其影响程度，对北京地区对外经济贸易合作的发展做出了极大的贡献，对选取的新的影响因素进行线性回归分析得知北京地区海关出口总值有显著的正向作用，也说明该因素对北京地区对外贸易影响较大。北京地区海关出口总值越大，说明北京地区对外贸易越繁荣。从分析的数据中可以看出，

第五章 案例讨论篇

随着年份的不断增长,北京地区海关出口总值也在不断地增加,且对整个对外贸易繁荣做出的贡献也越来越大,对北京地区对外贸易成长增加了不少动力,海关出口总值越大,对北京地区对外贸易成长越有利。两组数据综合来看,在对外贸易合作中进出口总值对其的影响不容忽视,而是得格外重视,只有提高进出口贸易额,才能拉动对外贸易的发展。北京地区也同样适用这一规律,提高进出口贸易额促进北京地区对外贸易合作的繁荣。

2. 境外投资状况层面

境外投资状况在对外贸易合作中占有不小的比重,对此我们也对这方面进行了深入的分析。

在第一部分主成分分析中,该层面我们选取的分析因素为境外中方投资额和境外投资截止到各年期末直接投资存量两个影响因素,从分析结果中我们可知境外投资状况对北京地区的对外贸易合作的影响持续增大,但 2015 年较 2014 年有所下滑,但该因素对对外贸易合作的发展的作用十分显著。在第二部分回归分析中,该层面我们选取的因素为实际利用外商投资额和地方财政收入及金融外汇存储量,经分析得出金融外汇存储量有显著的正向作用,而其他两个因素因有显著的负向作用而被排除。由此可见,在境外投资状况中金融外汇存储是十分重要的一部分,有了资金的保障,才可以进行投资,进而进行对外贸易合作,推动对外贸易的发展。境外投资状况直接反映出一个地区经济是否繁荣,对外贸易是否繁荣。北京地区境外投资状况良好,且逐年在提升,反映出北京地区对外贸易合作的良好状况,境外投资的增加更是直接拉动了北京地区对外贸易合作的增长,对北京地区对外贸易合作的发展有着不可替代的作用。

(二) 启示

1. 对北京地区对外经济贸易合作未来预测

外贸形势依然严峻复杂,下行压力仍然较大,但外贸发展长期向好的基本面没有改变。

我国的传统竞争优势进一步弱化,而新的竞争优势尚未形成,导致部分出口订单和产业向周边等新兴经济体转移。

尽管严峻复杂的外部形势不会发生根本性改变，国内经济依然处在下行压力中，但我国外贸仍具备综合竞争优势和持续发展的有利条件。近年来，国家对外贸发展的支持力度不断加大，一系列促进外贸稳增长调结构的政策措施，通过提高贸易便利化水平、清理和规范进出口环节收费、加强融资保险支持等政策降低贸易成本，鼓励发展跨境电商等新型商业模式，为外贸发展营造了更加有利的政策环境，将有效提振进出口企业信心，增强企业接单能力。

从趋势来看，预计未来北京地区外贸总值小幅上升的可能性相对较大一些。出口大幅回暖可能性不大，降幅将呈逐步收窄走势。

2. 对北京地区对外经济贸易合作发展的启示

应加快对外贸易增长方式的转变，不断完善和创新对外贸易的宏观调控手段，提高宏观调控政策的预见性、科学性和有效性。深入研究和掌握好世界贸易组织的规则，建立灵活、透明、符合国际规范的财税、关税、信贷、汇率、保险等对外贸易促进政策体系，完善网络信息服务，促进对外贸易的可持续增长。

重视高新技术产品出口，增强在国际市场上的竞争力和保障我国的经济安全。

进一步优化出口产品结构，加快对外贸易增长方式的转变；进一步完善进出口和出口加工区的促进政策和鼓励性措施，还应发挥市场经济这只无形的手的调节作用，发挥微观主体对产业结构调整的能动性；进一步完善加工贸易政策，促进加工贸易转型升级；进一步完善利用外资政策，进一步提高利用外资质量，优化引资结构，促进我国对外贸易健康和可持续发展。

第二节 湖南开放型经济发展研究

一、湖南开放型经济发展的背景

近年来，国家一直强调把"引进来"和"走出去"战略相结合，提高我国开放型经济水平。党的十八大以来，继续强调要进一步深化改革，党的十八大报

第五章 案例讨论篇

告明确指出，各地要适应经济全球化发展的新形势，必须实施更加主动的对外开放战略。目前，湖南经济开放水平较低，对外依存度也比较低，要充分认识打造开放型经济"新高地"的背景和培育策略，从而顺利提高开放型经济水平。

（一）开放型经济"新高地"简述

一般而言，一国经济发展水平越高，市场化程度越高，越接近于开放型经济。当今世界全球化趋势不断加强，各国之间的经济往来更加密切，开放型经济已经是大势所趋，成为各国的主流选择。打造经济"新高地"是指培育新型经济增长点。开放型经济"新高地"是指在本地区着力打造依靠外向型经济发展，提升对外贸易依存度，营造以对外经济合作为主体的新型经济增长点。湖南开放型经济"新高地"建设是指要发挥湖南省的区位优势，加强湖南省开放型经济建设，构筑湖南开放的大平台，培育产业大集群，营造开放大环境，着力提升湖南对外经济依存度，培育湖南优势，把湖南打造成中部乃至全国对外开放的新区。

（二）国内外开放型经济研究现状

对于开放型经济的概念，1983年，在英国的戴维·皮尔斯主编的《现代经济学辞典》修订版中"开放经济"词条解释为开放经济是"参与国际贸易的一种经济，某种经济的开放程度大致等于其对外贸易部门占国内生产总值的比例"。在西方经济学中的开放经济已是一个规范的概念，一般分为3个层次：一是参与国际贸易的经济，二是国际贸易不受限制的经济，三是国际贸易和国际金融经济。国内学者张吉昌（2003）从生产要素在不同空间上流动的角度认为，开放型经济就是商品、资本、劳动力和技术等要素能够自由地跨越边境流动，按照市场规律实现资源优化配置的一种经济模式。从当前国际形势来看，发展中国家和新兴国家及地区的开放型经济发展的方式主要包括利用外资和对外贸易两大方面。对于我国中部地区的湖南而言，利用外资主要是利用外商直接投资，其他利用外资途径很少；对外贸易主要是商品出口贸易、进口贸易和服务贸易总额较少。

本章研究的目的是：认识开放型经济的含义，了解打造湖南开放型经济的必要性；总结湖南发展开放型经济的背景、存在的问题和具体解决办法，为湖南开放型经济发展提供思路。此外，当前我国正处于改革开放的攻坚期和"深水区"，中央政府进一步要求各地要加强改革开放的主动性，提高各地的经济开放型水平，为此国家相继推出长江经济带、"中国制造 2025"和供给侧改革等重大经济战略。这为湖南打造开放型经济"新高地"提供了良好的契机。与此同时，加强对湖南开放型经济战略的研究，有助于湖南开放型经济的建设和国际化水平的提高，有利于实现湖南"四化两型"的战略目标，对湖南经济发展有重要意义。

二、湖南发展开放型经济必要性与可行性分析

（一）湖南发展开放型经济必要性分析

1. 开放型经济优点

开放型经济主要是可以根据市场经济的变化自由调节市场的价格。扩大了与各国间的经济交流，在开放型经济中，要素、商品与服务可以较自由地跨国界流动，从而实现最优资源配置和最高经济效率。开放经济强调把国内经济和整个国际市场联系起来，尽可能充分地参加国际分工，同时在国际分工中发挥出本国经济的比较优势。从国内外经验看，无论英国、德国、美国、日本，还是"亚洲四小龙"和我国东部沿海地区，这些国家和地区之所以迅猛崛起，最关键的一点在于扩大开放、大力发展开放型经济。

2. 配合国家战略的需要

湖南地处我国中南部，不仅是长江经济带的重要节点部位，而且还拥有非常出色的制造业，包括有色金属冶炼、机器制造、工程制造等大型制造业，并且还拥有国务院确定的长株潭城市群建设的重点项目。现阶段，国家要求各省各地实施更为主动的对外开放战略，提高各地开放型经济水平，促进经济发展。湖南也应该配合国家的战略需要，利用国家战略发展自身经济。

3. 加快湖南省经济发展的需要

2013 年湖南 GDP 总值 2.5 万亿元，2014 年湖南 GDP 总值 2.7 万亿元，同比增长 9.5%，总量位列全国第 10 位、中部省份第 3 位，占全国的 4.25%，进出

口总额为 2000 亿元，实际利用外资高达 103 亿美元。2015 年湖南 GDP 总值 2.9 万亿元（见表 5-14），同比增长 8.6%，增速比上年减少 0.9%，经济增速也有所放缓，其中部分原因来自全国经济转型困难、增长乏力。湖南需要提高自身的经济开放水平，吸引外资来湘投资，或者加强湖南与外国的贸易合作，促进湖南的企业和产品"走出去"，以提高湖南经济活力，促进湖南经济发展。

表 5-14　2013~2015 年湖南 GDP 总值　　　　　　单位：万亿元

年份	2013	2014	2015
地区生产总值	2.4	2.7	2.9

资料来源：《湖南统计年鉴》。

4. 经济新常态下湖南经济转型需要

经济新常态下，我国经济平均增速较往年下降，但同时经济质量明显提升。由于全球经济环境的影响和我国制造业成本的不断上升，许多发达国家的制造业开始回流本国或寻找劳动力成本更为廉价的国家进行投厂生产，我国制造业面临巨大压力。湖南也同样如此，但是湖南的经济结构还不完善，包括制造业在内的第二产业仍然占据湖南 GDP 很大的比重（见表 5-15）。

表 5-15　2015 年湖南 GDP 总值和各产业占比

	现价（亿元）	增长（%）	占比（%）
地区生产总值	29047.21	8.6	100
第一产业	3331.62	3.6	11.46
第二产业	12955.39	7.4	44.62
第三产业	12760.2	11.2	43.92

资料来源：《湖南统计年鉴》。

从表 5-15 中可以看出，湖南目前第二产业仍然占据最大比重，第三产业比重不断上升即将超越第二产业占据最大比重。湖南仍要继续发展第三产业，扩大第三产业占比，降低第二产业占比，促进经济健康发展。

(二) 湖南发展开放型经济的可行性分析

1. 区位优势

湖南位于我国中南部地区，同时位于我国经济重地长江三角洲和珠江三角洲接合部位，地理位置优越。湖南的地理位置正好为湖南开放型经济的发展提供了良好的契机。

2. 资源优势

大卫·李嘉图的比较优势理论认为比较优势的差别直接导致生产物品的专业化和贸易的产生。专业化的结果会使生产变得更加有效率。要素禀赋理论认为一国使用本国相对丰富的要素生产产品，从而与他国产生成本差异，因此产生国际贸易。湖南拥有丰富的资源，可以产生资源优势，利用这些优势与他国进行贸易打造开放经济。

(1) 自然资源。

湖南矿产资源不仅储量丰富，而且种类繁多。湖南是著名的"有色金属之乡"和"非金属矿之乡"。目前已发现各类矿产 141 种，其中锑、钨、锰等 41 种矿产的保有储量居全国前 5 位。在已探明储量的矿种中，居全国前 10 位的矿产有 60 多种，其中以有色金属矿最多，非金属矿次之。还有很多矿产资源是重要而且稀有的资源，有色金属储量上相对于东部也更丰裕，密度上相对于西部更高，资源的配套程度也比较好，总的来说，湖南的矿产资源具有广阔的开发前景。

(2) 旅游资源。

湖南拥有丰富的自然景观和人文景观，拥有国家 5A 级旅游风景区张家界、湘西凤凰古城、长沙橘子洲和岳麓山等著名旅游景点，此外还有南岳衡山、洞庭湖、岳阳楼等著名景点。2014 年，湖南接待中外游客 4.1 亿人次，实现旅游总收入 3050.7 亿元。2015 年，湖南全省接待国内外旅游者 4.73 亿人次，比 2014 年同比增长 15.37%，与 2010 年的 2.03 亿人次相比增长 133%；实现旅游总收入 3712.91 亿元，比 2014 年同比增长 21.71%，旅游对经济发展的拉动和支撑作用明显增强。目前，湖南在建旅游项目总投资达 5600 亿元，其中总投资额 100 亿

第五章 案例讨论篇

以上旅游项目18个,4个项目进入我国优选旅游项目名录,旅游业成为投资热点领域。

(3)劳动力资源。

从表5-16中可以看出,湖南拥有人口大约6570万,非劳动力人口大约占据总人口数量的30%,劳动人口数量大约占据70%,劳动力资源十分丰富,可以满足本地的制造业和服务业对于大量劳动力的需求。

表5-16 全国第六次人口普查湖南数据　　　　单位:万人,%

		占比
总人口	6570.08	
男性	3377.65	51.40
女性	3192.43	48.60
0~14岁	1157.65	17.62
15~64岁	4770.49	72.61
65岁及以上	641.94	9.77

资料来源:中国国家统计局《2010年第六次全国人口普查主要数据公报》。

(4)科技人才资源。

湖南拥有国防科学技术大学、中南大学、湖南大学、湖南师范、湘潭大学等一批国家重点知名院校。据统计湖南普通高校总数为109所,位居全国第五,其中有本科院校36所和专科院校73所。数量庞大的优质高校为湖南培育了一定数量的高水平年轻人才。现阶段湖南又拥有一系列的人才培养计划,如"芙蓉学者""互联网+""双创基地"等都将为湖南进一步培养优秀人才。同时,湖南近几年也加快了研发投入,2015年,全省大中型工业企业R&D项目8000个以上,比2008年增加了3404个,年均增速为28.8%,产生了一大批有影响力的科研成果,有效地支撑了湖南优势产业的发展,为湖南提升开放型经济发展水平提供了更大的支持。此外,敢闯敢干的湖南人"走出去"意识觉醒较早,在国外特别是东盟地区占有了一席之地。据统计目前已有50多万湖南籍人在国外谋生,其中30多万湖南籍人在南亚地区,还有不少在东亚等其他地区。这些在海外的人才不仅学习了先进的知识，同时还拥有丰富的经验，他们大多愿意支援家乡建设，为湖南经济发展出力。

（5）交通资源。

湖南改革开放以来大力发展交通运输，现已成为中部地区的一大交通枢纽，尤其是株洲素来以"火车拉来的城市"而闻名。近年来，基础设施建设成就显著。一是公路总里程继续增长。2014 年末，全省公路总里程 23.62 万千米，比 2008 年末增长 28.0%，年均增长 4.7%。二是高速公路建设快速发展。近几年，随着多条高速公路建成通车，高速公路通车总里程达到 5493 千米，排名全国第 4 位，5 年年均增长 45.7%。三是铁路营业里程、管道运输里程、航空线路长度和等级航道里程等稳定增长。2014 年末，全省铁路营业里程 4532 千米，比 2008 年末增加 1134 千米，增长 39.2%，年均增长 6.8%。近几年民用航空航线条数增加了近一倍，从 2008 年末的 87 条增加到 2013 年末的 158 条，增加了 71 条国际国内航线，其中国际航线增加 11 条，达到 13 条，国内航线增加 60 条，达到 145 条；内河等级航道里程 11968 千米，近几年保持不变，管道运输里程 1982 千米。

3. 产业优势

（1）拥有十大优势产业。

近年来，湖南注重产业结构的优化调整和升级，兴起了十大年产值过千亿元的支柱产业，如装备制造、钢铁、有色金属冶炼、卷烟制造、电子信息、新材料、生物医药、食品加工、石油化工、建筑材料十大行业是湖南省的优势产业。

（2）高新技术产业兴起。

湘计算机、中芯数字、湘邮科技、创智软件等一批新兴企业，是湖南高技术企业的代表，支起湖南高新技术产业的脊梁。生物医药中千金药业、九芝堂、正清制药、紫光古汉等制药公司是湖南在医药产业中的龙头企业。其中，中成药 14 大类制剂生产能力、工业总产值分别居全国第 15 位和第 13 位，化学药品销售额居全国第 8 位。

三、湖南培育开放型经济"新高地"现状和问题

(一) 湖南培育开放型经济"新高地"现状

近年来,湖南进一步强调"四化两型"社会的建设,着重强调以开放促调整、促改革、促发展、促转型,取得了一定的成绩。

1. 对外贸易方面

(1) 开放发展的步伐加快。

虽然受到2008年以来金融危机的持续影响,全球经济增长乏力,但是湖南省仍然克服困难,利用自身优势吸引外资,扩大对外贸易。2011年,湖南省全省共完成进出口总额190亿美元,增长29%,2012年实现进出口总额219.41亿美元,同比增长15%。2013年实现进出口总额251.64亿美元,同比增长14.6%。2014年实现进出口总额310.3亿美元,同比增长23.2%。2015年实现进出口总额293.7亿美元,同比下降4.8%(见表5-17)。

表5-17 2011~2015年湖南进出口额统计　　单位:亿美元,%

年份	进出口总额	同比增长
2011	190	
2012	219.41	15
2013	251.64	14.6
2014	310.3	23.2
2015	293.7	-4.8

资料来源:《湖南统计年鉴》。

近年来,湖南的外贸、引资、对外投资规模都实现了稳步增长,但是由于世界经济复苏乏力,我国经济受结构转型的影响,经济下行压力不断加大,导致2014年末以来,经济增速下降,外贸规模有所缩小,湖南经济同样受此影响,外经、外贸、外资增速放缓,但总体来说还是呈上升趋势。

开放型经济发展的评价与思考

(2) 机电和高新产品进出口快速增长。

机电产品作为湖南省优势产业一直以来出口增长较快,高新产品是湖南产业中的后起之秀,进出口快速增长(见表5-18)。而铁矿石和原油等则是湖南稀缺资源进口数量上升,但是受国际大宗商品物价下跌影响,总体价跌量增(见表5-19)。

表5-18 2015年湖南机电产品和高新技术产品进出口统计

	机电产品	高新技术产品
出口(亿美元)	99.7	35.8
增长(%)	18.56	50.62
进口(亿美元)	48.7	24.9
增长(%)	20.97	70.77

资料来源:《湖南统计年鉴》。

表5-19 2015年湖南铁矿石与原油进口数量和价格

	铁矿石	原油
数量(万吨)	2102.8	53.8
增长(%)	4.93	-0.02
进口额(亿美元)	13.4	2.1
增长(%)	-30.81	-43.27

资料来源:《湖南统计年鉴》。

2. 利用外资方面

(1) 开放发展水平提高,招商引资质量进一步上升。

目前来看,"引进来"的质量和水平明显提高,产业竞争力得到提升。湖南坚持"引进来"与"走出去"相结合,大力发展开放型经济,尤其是大力承接产业转移,外经、外贸、外资结构进一步优化。2011年,实际利用外资61亿美元,居中部六省第一位,外商直接投资56.77亿美元。2012年,实际利用外资72.8亿美元,外商直接投资60.79亿美元。2013年,实际利用外资87.04亿美元,外商直接投资59.16亿美元。2014,实际使用外资102.7亿美元,同比增长

17.9%。外商直接投资减少,但其他投资增多。2015年,实际使用外资115.6亿美元,同比增长12.7%(见表5-20)。

表5-20 2011~2015年湖南使用外资统计

	2011年	2012年	同比增长(%)	2013年	同比增长(%)	2014年	同比增长(%)	2015年	同比增长(%)
实际利用外资(亿美元)	61	72.8	18.1	87.04	19.56	102.7	17.9	115.6	12.7
外商直接投资(亿美元)	56.77	60.79	7	59.16	-2	30.71	-51.9		
外商其他投资(亿美元)		7.67		21.34	278.2	58.49	274.0		

资料来源:《湖南统计年鉴》。

截止到2010年末,来湘投资的世界500强企业总数达到128家,2012年新增8家世界500强企业入驻湖南。到2014年末在湖南投资登记的外商投资企业已经达到2329家,总投资额463.07亿美元。2015年,新批外商投资企业项目562个,同比增长4.3%,其中投资总额3000万美元以上的项目34个。"引进来"的质量和水平明显提高。

(2)产业结构不断优化,制造业仍是吸引投资重点领域。

2015年,湖南第二产业中新项目共277个,其中制造业项目255个,主要集中在非金属矿物制品业、通用设备制造业等行业。第三产业新批项目211个,主要为房地产业、批发和零售业等行业。新批项目一、二、三产业实际利用外资比重为5.42:61.78:32.79,产业结构总体得到优化(见表5-21)。

表5-21 2015年湖南各产业新增投资项目统计

	第一产业	第二产业	第三产业
新项目(个)	74	277	211
增长(%)	32.14	-8.88	17.88

开放型经济发展的评价与思考

续表

	第一产业	第二产业	第三产业
实际利用外资（亿美元）	6.27	71.45	37.93
增长（%）	8.29	8.25	22.21

资料来源：《湖南统计年鉴》。

（3）进一步加强开放平台建设。

至今，湖南已经拥有19家国家级园区（见表5-22）、80多家省级及以上园区等开放平台。此外，湖南省拥有中国内陆省市最大的国际航运港口——岳阳港，是沿长江溯流而上的最后一个海运港，省内唯一直航中国香港、中国台湾、日本、韩国的港口；唯一过亿吨吞吐量、入围全球50强的港口，岳阳是湖南国际航运中心。

表5-22 湖南开放平台建设一览

开放平台种类	具体内容
国家级试验区、示范区（3个）	长株潭两型社会综合配套改革试验区、湘南承接产业转移示范区、洞庭湖生态经济区
国家综合保税区（2个）	衡阳综合保税区、湘潭综合保税区
国家级高新区（6个）	长沙高新技术产业开发区、株洲高新技术产业开发区、湘潭高新技术产业开发区、益阳高新技术产业开发区、衡阳高新技术产业开发区、郴州高新技术产业开发区
国家经济技术开发区（8个）	长沙经济技术开发区、岳阳经济技术开发区、常德经济技术开发区、宁乡经济技术开发区、国家级湘潭经济技术开发区、浏阳经济技术开发区、娄底经济技术开发区、湖南望城经济开发区

资料来源：百度百科。

3. 对外经济合作方面

（1）对外经济合作进一步发展。

截至2015年，与湖南有贸易往来的国家和地区增至194个，对外合作深入发展，对外合同投资总额和中方合同投资额分别增长148.1%、154.8%，位居中西部地区第一。

（2）上市企业成为湖南对外投资主力。

2015年以来受国内经济转型压力的影响，也为实现自身更大发展，湖南省上市企业纷纷向海外扩张，先后有友阿集团、三诺生物、永清环保、神农大丰、大康牧业、克明面业、步步高、爱尔眼科、株洲淇滨、山河智能等10多家上市企业进行海外投资。

（3）中小工程企业"走出去"步伐加快。

2014年以来，得益于湖南央企对接平台的搭建以及抱团出海三年行动计划的实施，湖南中小型工程企业特别是各市州工程企业"走出去"步伐不断加快，如邵阳路桥分包中建五局在阿尔及利亚承接工程项目，迈出了走向海外的第一步；湖南外经建设分包央企二手单在埃及、刚果（布）等国实施了工程项目。

（二）湖南培育开放型经济"新高地"问题

1. 发展规模与速度问题

（1）进出口总额排名与GDP差距较大，对外贸易规模明显偏小。

开放型经济，一直以来都是湖南经济发展的短板。自2013年以来湖南GDP排名一直占据全国第十，但是进出口总额在全国的排名却未进入前列（见表5-23）。湖南开放型经济的发展处于初始阶段，2013年底进出口总额所占全国比重仅0.6%，在中部6省中居倒数第二位。湖南外贸发展虽然速度较快，但与其他省份相比还有很大差距，GDP排名与进出口总额排名严重不符。

表5-23　2013~2015年湖南GDP与进出口总额排名

年份	GDP总量（万亿元）	排名	进出口总额（亿美元）	排名
2013	2.4	10	251.64	22
2014	2.7	10	310.02	18
2015	2.9	10	290.7	19

资料来源：《湖南统计年鉴》。

(2) 开放型经济发展不够快，效果不明显。

近年来，湖南进出口总额虽有所增长，但与湖南相邻的几个省市的进出口总额都渐渐超越湖南，重庆的进出口总额更是从2010年的124.27亿美元上升至2014年的945.5亿美元，四年增长了7.68倍。而湖南进出口总额从2010年的146.89亿美元上升至2014年的310.3亿美元，4年增长了2.11倍。湖南2007年进出口总额居于全国第16位，2014年却排名第18位，2015年排名第19位，不升反降，被其他省份超过，发展速度远低于其他省份。

(3) 外贸依存度偏低。

2013年湖南的外贸依存度仅为6.4%，而上海、江苏的外贸依存度分别高达126.5%和57.7%。和中西部几个省份相比，湖南外贸依存度也与之相差较大（见表5-24）。2014年湖南外贸依存度仅为7%，虽然较2013年有所上升，但仍严重滞后于全国水平，全国平均外贸依存度达41.5%，较2013年48.8%的水平有所下降。湖南进出口贸易不论是总量还是贸易依存度，相对于东部沿海省份都有非常大的差距，与中部其他省份相比，也存在较大差距。

表5-24 2014年我国部分省市进出口情况对比

省份		地区生产总值（亿元）	进出口总额（亿美元）	进出口总额全国排名	外贸依存度（%）
中部六省	河南	34939.38	650.3	12	11.43
	山西	12759.44	162.5	24	7.82
	湖北	27367.04	430.6	15	9.67
	安徽	20848.80	492.7	14	14.52
	湖南	27048.50	310.3	18	7.05
	江西	15708.60	427.8	16	16.73
东部五省市	北京	21330.80	4156.5	4	119.70
	上海	23560.94	4664.1	3	121.60
	广东	67792.24	10767.3	1	97.56
	浙江	40153.50	3551.5	5	54.33
	江苏	65100.00	5637.6	2	53.20

第五章 案例讨论篇

续表

省份		地区生产总值（亿元）	进出口总额（亿美元）	进出口总额全国排名	外贸依存度（%）
部分西部省份	四川	28536.70	702.5	11	15.12
	重庆	14265.40	954.5	10	41.10

注：外贸依存度＝地区进出口总额÷地区国民生产总值。
资料来源：《中国统计年鉴》。

（4）外贸出口结构欠优，产业结构不完善。

湖南对外贸易产品结构，以钢铁、有色金属等资源输出型产品为主，这些传统粗放型产品出口占比达仍高达30%，主要依赖三一重工、中联重科、华菱钢铁、蓝思科技等几家骨干企业，依赖中国香港、日本、美国等传统市场。而且湖南服务贸易进出口额低于全国水平，高新技术产品出口占比也偏低，2013年湖南高新技术产品出口占总出口的比重仅为11.2%。湖南至今尚未形成类似湖北汽车产业、重庆笔记本产业、安徽家电产业、江西光伏产业这样有影响、有品牌的产业集群。2010年，湖南机电产品和高新技术产品在全部出口商品中所占比重为34%和7.2%；全国平均水平则分别高达59.3%和31.4%，两者差距十分明显。

2. 政府和企业问题

（1）政府扶持力度不够，服务和环境水平较低。

目前全省对开放型经济扶持力度还小，对相关产业和企业给予的政策优惠比较少。同时湖南地方政府效率偏低，根据北京师范大学发布的《2012年中国省级地方政府效率研究报告》，在全国31个省份中，东部省市的政府工作效率普遍较高，居全国前列，其中江苏排名第1位、上海排名第6位。中部地区政府效率居中，但湖南省地方政府效率排名第22位，显著低于安徽（第11位）、湖北（第12位）和河南（第13位）；此外，湖南市场经济正处于转型期，市场竞争也较为激烈，由于市场还很不规范，恶性竞争较为激烈。这显示了湖南经济与开放的、竞争有序的法制市场经济差距较大，继而难以大批吸引外部优质资源的积聚，制约了湖南"走出去"和"引进来"战略的有效实施。

(2) 企业创新能力不够，产业市场竞争能力不足。

创新是产业竞争力的核心，而湖南实际创新能力偏弱。目前湖南的产业多属资金密集和劳动密集型以及资源密集型产业，而缺少自主创新能力较强的高科技企业。2014年部分省份拥有的国家认定的企业技术中心数量如表5-25所示。

表5-25　2014年部分省份拥有的国家认定的企业技术中心数量　　单位：家

省份	湖南	山东	江苏	河南	湖北	安徽
个数	29	111	72	66	41	41

资料来源：《中国统计年鉴》。

湖南大项目和大企业偏少。湖南2013年亿元以上工业项目数量为2730个，而湖北却高达4011个；全省大型工业企业个数194家，占全省规模工业企业个数比重仅为1.5%，千亿企业还是空白，主营业务收入过10亿元的企业数占全部规模以上工业企业比重仅为2.1%。这凸显湖南产业规模经济程度不高，企业生产经营成本偏高，进而弱化了市场竞争力，企业难以走出去，也难以吸引好的合作伙伴。

四、湖南开放型经济"新高地"的培育策略

湖南目前开放型经济"新高地"建设虽然取得一定成绩，但是开放型经济水平仍然较低，对外贸易依存度排名中部六省最末。

本节将从打造什么样的开放型经济"新高地"，如何打造开放型经济"新高地"两个方面来讨论湖南开放型经济"新高地"的培育策略，并融合政府和企业等不同部门来讨论具体策略。

（一）从开放型经济"新高地"特点来讲

开放型经济"新高地"是指在本地区着力打造依靠外向型经济发展，提升对外贸易依存度，营造以对外经济合作为主体的新型经济增长点。加强湖南省开放型经济建设，构筑湖南开放的大平台，培育产业大集群，营造开放大环境，着

第五章 案例讨论篇

力提升湖南对外经济依存度。为此湖南还要形成一套产业、企业评估标准积极探索湖南产业企业的评估标准，给予符合标准的企业和产业以政策扶持。

1. 培育产业集群

（1）培育装备制造业产业集群。装备制造一直以来是湖南省的优势产业，要做大做强装备制造业，形成中国优质装备制造业产业"新高地"，不断促进优质产品和技术的出口。重点支持特色制造产业和进出口企业，主要包括工程机械产业，轨道交通产业，电工电器产业，汽车及零部件产业。继续加大对在全国甚至世界举足轻重的三一集团、中联重科、山河智能等重点制造业企业的信贷支持力度。鼓励蓝思科技等大型代工制造业去东南亚和非洲等地开拓市场，壮大企业。

（2）培育原材料加工产业集群。提升原材料工业，以冶金、有色、石化、建材四大原材料工业为重点，调整产品结构，推进精深加工，延伸产业链条，淘汰落后产能，推进企业兼并重组，拓宽国际化经营模式，加快实现由规模扩张向结构调整转变，促使原材料工业由大向强转变。①在冶金行业，支持优势企业瞄准高端市场，做精、做大、做强，实现产业升级。重点发展精品钢材、铁合金、耐火材料、冶金装备制造四大领域。②在有色行业，积极支持具有湖南特色的有色冶金进出口企业，对宇腾有色、水口山金铜、锡矿山锑冶炼、晟通铝型材等有色项目，积极给予扶持和跟踪支持。③在石化工业方面，重点发展石油化工、精细化工、盐化工、化工新材料四大子产业。④在建材方面，稳步发展水泥、玻璃、建筑卫生陶瓷、新型建筑材料四大领域，重点支持湖南南方水泥、华新水泥等一批企业。

（3）培育消费品工业集群。加快调整消费品工业，不断促进消费品的出口，打造新型消费品出口"高地"。①以轻工、食品、纺织、医药四大消费品工业为重点，大力推进技术改造和自主创新，加快产业转移和集群升级步伐，推进自主品牌建设，淘汰落后产能，逐步实现消费品工业结构调整优化和发展方式转变。要重点发展一批以恒安纸业、晚安家居、克明面业、梦洁家纺、九芝堂等为代表的轻工业企业。②在食品方面可加强与台湾企业的合作，利用其长期积累的生产管理与投资经验。③在医药方面，湖南已经拥有九芝堂、益丰大药房、老百姓大药房等一批大型药业生产与经营企业，可是湖南医药布局未涉及国外，湖南医药行业需要打开国际市场，在"走出去"中参与竞争，提升自身实力。

（4）培育旅游产业集群。①着力培育一批国际旅游企业。加强旅游企业之间服务竞争，以良性竞争带动湖南旅游服务水平的提高。以华天国际旅行社为例，以前由于缺少竞争，客户反馈服务不好，后来由于其他旅行社出现，服务水平逐渐提高。②整合旅游资源。湖南拥有橘子洲、张家界、凤凰古城、南岳衡山等国内外著名景点，要统一规划，打包营销，形成合力，使片区内的多个景点优势互补。③加强景区交通建设。提升配套服务，制作体现湖湘文化特点的演艺节目。尤其是近年来张家界在海外知名度日益提升，可以继续加大对旅游文化国际化项目的支持，助推湖南旅游走向世界前沿。

（5）培育文化产业集群。①加大创新，打造湖南文化产业航母。加大湖湘文化的传播力度，促进湖南湘绣文化、苗家文化的传播，有利于湘绣产品的出口，增进世界对湖南的认识。②培育新媒体、影视文化产业。湖南拥有湖南卫视、潇湘晨报、天娱传媒等优秀文化媒体及影视企业，加大政府对文化影视的支持，着力培育一批优势企业，以企业带动产业发展。

（6）培育金融产业集群。开放发展，金融助力。金融业是支持湖南开放型经济发展的重要力量。湖南不仅要打造强大金融产业，完善自己的客户服务手段，加大业务创新，还要发挥金融产业对实体经济的支持。一个健康的经济体不仅需要实体经济的发展，也需要金融业的繁荣。良好的金融业可以促进和改善投资，提高资源使用率。湖南目前已经拥有众多银行业、证券业、保险业等营业网店聚集，要着力：①打造金融聚集区。以芙蓉路为代表的金融聚集区域已经初步发展，要给予政策打造金融街区，提高信息交换度。②银行金融不仅要支持具有比较优势的装备制造、钢铁、旅游项目国际化、新能源等行业的金融支持，还要扩大对外向型中小私营企业的支持力度，扶持其开展国际业务。

2. 构筑开放平台

（1）积极加强平台建设，促进企业对平台和园区的利用。湖南目前拥有16

第五章 案例讨论篇

个国家级园区，80多个省级开放平台。数量已较多，但是要促进对开放平台的综合利用，要积极招商引资，提高开放平台的使用效率。重点打造综合服务平台、口岸服务平台、国际交流平台三大类外向平台，充分发挥商会类行业协会平台在整合招商资源、制定行业标准、规范行业秩序、开拓国际市场、应对贸易摩擦等方面的作用，打造商会平台等。

（2）进一步加强出口基地建设。着力提升各类外向型平台外资利用率，完善外贸配套服务，打造高效便捷的"通关一条龙"服务，着力推进投资贸易便利化。

3. 营造开放环境

政府要优化自身的服务职能，营造良好开放环境。必须树立"优化环境只有起点没有终点"这一理念，环境是推动发展的软实力，只有营造了良好环境，企业才愿意来、留得住。上海和深圳之所以经济开放型水平很高，不仅是拥有政策支持而且还营造了良好的服务环境，提高了办事效率。借鉴经验，湖南要打造开放型经济"新高地"，必须要向改革前沿学习，不断优化服务，提高效率。湖南要加大简政放权力度，提高项目审批效率。切实转变政府职能，改进项目审批流程，简化企业境外投资审批程序，提高进出口项目审批效率。

（二）从职能方面来讲

1. 政府职能

在竞争战略中，波特钻石模型着重强调政府方面，波特认为政府的行为往往可以提高企业甚至整个产业的竞争力。湖南要打造开放型经济"新高地"，培育新的经济增长点，政府应该从宏观方面给予政策优惠和支持，营造良好开放环境，构筑新型开放平台，积极实行"引进来"和"走出去"的战略，把湖南打造成产品出口和招商引资的"高地"。

（1）主动对接国家战略，融入长江经济带和"一带一路"倡议。这是湖南发展开放型经济的重大战略机遇。

当前国家推动长江经济带建设和"一带一路"倡议，湖南作为长江经济带中部经济区的重点区域，应当要坚持作为一个整体积极融入长江经济带，发挥

开放型经济发展的评价与思考

"一带一路"区位优势和比较优势。融入长江经济带，要打造中部地区崛起新增长极，为推进长江经济带建设提供支撑。要加强与周围省市和国家地区合作，提高湖南经济的对外依存度，助力湖南开放型经济"新高地"建设。

（2）积极实施"引进来"的策略。

湖南要打造开放型产业集聚"新高地"，积极引进国外技术、资本，促进开放型经济发展。及时承接国际产业转移，提高招商引资效益。近年来，湖南经济以较快速度发展，很大一部分得益于积极承接东部地区和国外的产业。此外，政府还要不断拓宽外商投资领域，积极给予政策支持。要发展开放型经济，提高开放型经济水平，政府就要进一步扩大开放型经济领域，在确保国家安全的条件下逐步实现对外开放，提高市场竞争水平。要依托优势资源和优势产业，积极引进国外先进技术和雄厚资金，联合开发湖南的优势资源和有潜力的产业，把湖南的企业做大。

（3）积极推行"走出去"战略，为企业走出去提供便利。

打造产品出口和资本技术输出"新高地"，湖南拥有优势产业，政府更应利用优势资源，促进"新高地"建设。为了更好地推行"走出去"战略，提升湖南企业在国际市场的竞争力，近年来，湖南相关部门应采取一系列举措。①政府要及时了解外经贸工作的开展情况，分析企业"走出去"面临的机遇和挑战，帮助企业解决具体困难，帮助企业减负，进一步增强企业的竞争实力。②政府还要利用自己的优势资源，积极为外经外贸企业搭建交流合作的平台，及时畅通信息，增强企业防范风险的能力。③同时政府还要对"走出去"企业加大信贷支持力度。我国扩大开放的号角已经吹响，湖南有关方面应当积极响应，通过加快实施"走出去"战略，切实提高湖南国际化水平。

（4）培育市场主体，优化产品和贸易结构。

①大力调整出口产品结构。通过招商引资，引进一批新兴产业生产企业，发展机电科技产品、高新技术产品和电子信息产品，改变湖南仍然主要依靠传统产品出口的现状。②必须调整湖南经济结构，通过培育和壮大开放型生产企业，从生产经营开始抓起促进湖南产品的出口。

第五章　案例讨论篇

（5）均衡产业结构，避免"资源优势陷阱"。

一般认为，如果一国或地区拥有丰富资源，那么该国和地区可以利用该优势资源实现短期内的经济快速发展，实现国家和地区的富强。但是现实中，部分拥有优势资源的国家及地区往往过度廉价使用优势资源，忽视资源的充分利用，并没有实现经济腾飞，相反，资源匮乏的地区实现了经济快速发展。拥有丰富矿产资源的非洲国家由于过度依赖矿产资源的开发，忽视其他产业的发展，经济发展缓慢；相反我国台湾地区虽然资源匮乏，但是及时引进资源进行加工贸易和服务贸易，反而实现经济快速发展。湖南拥有丰富的农业、矿产资源，应该合理利用，而不应过度依赖，要均衡产业结构，使农工商产业均衡发展。美国汽车之城底特律是开放型经济中的代表，早年在这里生产的汽车销往全球各地，伴随世界经济疲软和全球汽车产业竞争加剧，现在的底特律已衰败不堪，湖南应以此为戒。

2. 企业职能

为了有利于湖南开放型经济"新高地"建设，要拥有一大批知名的优势企业，打造知名企业聚集"新高地"，不断增强企业的科技文化实力。

（1）增强自主创新能力，培育核心竞争力。

企业的核心竞争力不仅包括科技实力，而且包括科学管理实力和文化软实力。对于以制造、科技为核心的企业，以三一重工和中联重科为例，需要加强自身的自主创新能力和先进的科学管理经验，在海外赢得一席之地。对于以服务为核心的企业，以华天酒店为例，如果华天酒店要进入外国市场，则更要以先进的科学管理、文化软实力和至诚的服务精神取胜，增强核心竞争力。

（2）制定国际化发展战略，促使产品结构优化升级。

湖南企业要成功地走向海外市场就要制定国际化的发展战略，研发符合国际市场的产品，一般而言，跨国公司倾与采用本土化战略。中联重科、三一重工、中车株机等为代表的装备制造企业更是成为湖南产品、技术和资本走出去的"先锋部队"，为了实现中国企业的扩大经营，不仅是把产品卖出去，更是要迅速实现产业的全球布局。

通过对湖南开放型经济发展的必要性与可行性分析,了解湖南发展开放型经济迫切形势以及优势与条件。随后又对湖南2010年以来的开放型经济发展成果和存在的问题进行了详细分析,剖析了湖南省现阶段的问题,就要打造什么样的开放型经济"新高地",对如何打造开放型经济"新高地"提出了解决的办法。湖南培育开放型经济"新高地"要形成产业聚集地、构筑开放大平台、营造开放大环境,提高政府效率,增强企业核心竞争力。

第三节 "一带一路"背景下开展国际经贸合作研究

长久以来,东南亚的经济一体化主体是由市场力量推动的,而区域经济合作则落后于经济一体化进程。1997年东南亚爆发了大范围金融危机,此次金融危机使东南亚地区各经济体遭受了巨大损失,这时,东南亚国家才充分认识到区域合作的必要性、重要性和迫切性。金融危机后,东南亚地区迅速建立起"10+3"的合作机制,东南亚经济合作迅速兴起。近几年,我国与东南亚地区持续深化经贸合作,不但加快了友好关系的成长,极大地改变了我国周边的国际环境,并且对东亚区域经济一体化进程也产生了重要的推动作用。我国与东南亚国家的经贸合作形势复杂,虽然湖南与东南亚双方经贸合作密切,特别是冷战结束以后,湖南与东南亚经贸发展保持持续高速增长,双边贸易发展迅速,但也同时面临着巨大挑战。本书以湖南为主,深入研究分析近些年来湖南与东南亚国家经贸合作的现状、目标、途径及影响因素,并根据分析结果对湖南省与东南亚国家经贸合作的未来提出建议和改革措施。

一、湖南与东南亚国家的经贸合作现状

(一)湖南与东南亚外贸进出口现状

从经济危机发生至今,湖南外贸出口逐步恢复,2015年再创历史新高。剔除船舶出口的影响,湖南出口增幅均稳定在50%以上,月出口额都稳定在3.9亿美元以上。表5-26是湖南省对外贸易的进出口总额,从而可以看出湖南对外贸

第五章 案例讨论篇

易的进出口总额呈现前景良好的回升,是湖南与东南亚国家实现经贸良好合作的基础和前提。

表5-26 湖南进出口商品总值   单位:万美元

项目	2009年	2011年	2012年	2013年	2014年
进出口总值	1015101	1900006	2194082	2516439	3102729
出口	549189	989747	1259965	1482083	2002348
进口	465912	910259	934117	1034356	1100380
进出口差额	83277	79488	325848	447727	901968

资料来源:2014~2015年《湖南统计年鉴》(对外经济、旅游和开发区)。

如表5-26所示,湖南进出口商品总值表显示了近年来湖南对外贸易质量上升,呈现比较理想的状态,从2009~2014年,进出口总值增加了2087628万美元,增加了2.06倍,出口总值增加了1453159万美元,增加了2.64倍,进口总值增加了634468万美元,增加了1.36倍,进出口差额增加818691万美元,增加了9.83倍,趋势如图5-1所示。

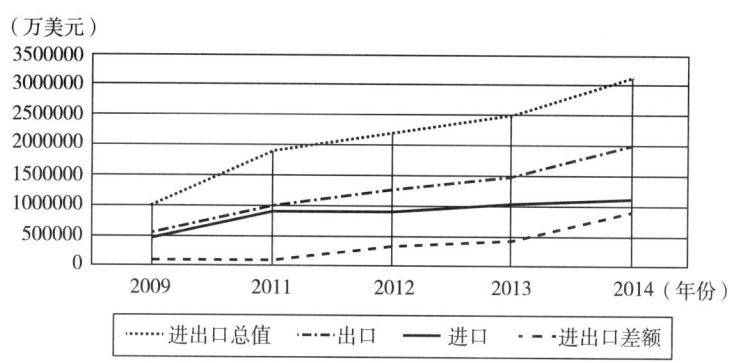

图5-1 湖南进出口商品总值

相对于东南亚国家来说,以菲律宾、新加坡、马来西亚为例,根据湖南统计年鉴数据显示(见表5-27),菲律宾与湖南进出口额在2011~2014年持续偏

开放型经济发展的评价与思考

低,但出口额小幅度提升至 16465 万美元,新加坡和马来西亚与湖南进口额在 2011~2014 年增长幅度类似,但马来西亚与湖南进出口额大于新加坡与湖南进出口额,此三国与湖南进出口总额相对于各国与湖南进出口总额,表中比例可显示,所占比例十分小,最高比例只占大约 8%,简而言之,东南亚与湖南的经贸合作还处于比较薄弱的环节,湖南在东南亚市场还有非常大的潜在市场。湖南 2011~2014 年进出口商品主要产销国别总值如图 5-2、图 5-3 所示。

表 5-27　2011~2014 年湖南进出口商品主要产销国别总值

单位:万美元,%

国家	2011 年		2012 年		2013 年		2014 年	
	进口	出口	进口	出口	进口	出口	进口	出口
菲律宾	4449	7367	2356	7734	1713	9548	2110	16465
新加坡	2881	16778	3480	24757	3383	36312	3840	73271
马来西亚	5973	30501	3619	67661	4258	34043	6904	79079
各国总额	910259	989747	934653	1260227	1034356	1482083	1100380	2002348
三国占比	1.46	5.52	1.01	7.94	0.90	5.39	1.16	8.43

资料来源:2014~2015 年《湖南统计年鉴》(对外经济、旅游和开发区)。

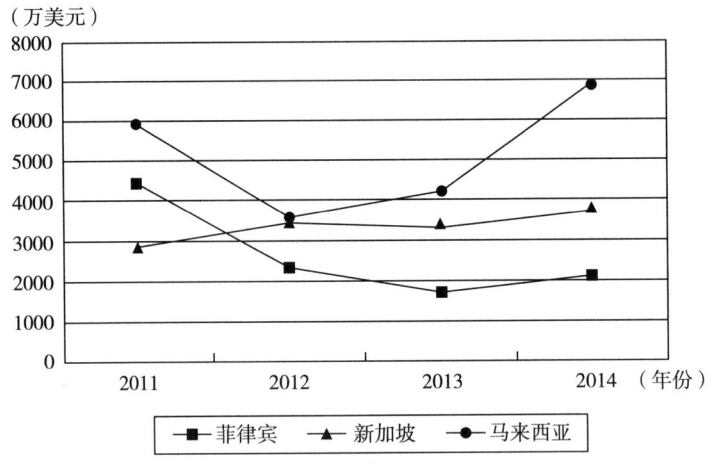

图 5-2　2011~2014 年湖南进口主要产销国别总值

第五章 案例讨论篇

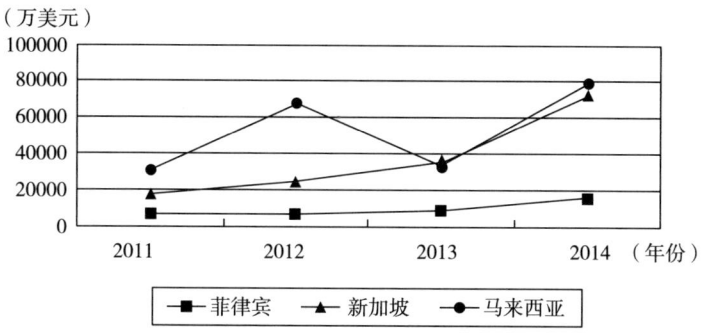

图 5-3 2011~2014 年湖南出口主要产销国别总值

(二) 湖南与东南亚的进出口主要产品

2015 年湖南省对外贸易出口产品形势稳定,半导体器件及光伏产品、鞋帽、钢管、机动车辆与零配件、牙刷、集装箱出口居湖南省出口前十位,涵盖了湖南省主要的几种产品和劳动密集型产品,累计出口额占总出口额的近 2/3。主要大类商品占据湖南的出口重要地位,出口商品稳定增长,从而直接促进了湖南经济的较快增长。表 5-28 为 2015 年湖南出口前 9 位商品情况。

表 5-28 2015 年湖南出口前 9 位商品情况表 单位:万美元,%

商品名称	累计出口额	同比	占总出口比重
船舶	38781	325.7	21.6
化学化工制品	17300	25.7	9.6
纺织服装	15800	19.2	8.8
鞋帽	6879	11.9	3.8
钢管	5827	8.2	3.2
液晶显示面板与电子纸	5694	181.6	3.2
机动车辆与零配件	5047	47.6	2.8
牙刷	4831	6.8	2.7
玩具	3123	13.2	1.7
合计	112122		62.5

资料来源:根据 2006~2015 年《中国统计年鉴》整理而得(对外经济、旅游和开发区)。

开放型经济发展的评价与思考

在此所指的贸易结构主要指对出口贸易商品结构。对出口贸易商品结构是一国或地区经济技术发展程度、产业结构状况、商品国际竞争能力、在国际分工和国际贸易中的地位等的综合反映。考察一国的贸易结构并结合对出口易流向，可以从根本上了解一国的国际分工状态及其在世界经济中的地位。

表5-29显示了2015年湖南各月度累计进口主要商品金额：

表5-29 2011年1~12月和2015年1~12月湖南累计进口主要商品金额对比

单位：美元，%

商品名称	2011年	2015年	同比增长
机电产品	42765323	49898421	16.7
高新技术产品	24729833	28698567	16.0
集成电路	10547303	12772757	21.1
原油	6641190	7977091	20.1
农产品	3198102	4097297	28.1
液晶显示板	3221534	4075498	26.5
铁矿砂及其精矿	2091315	3379557	61.6
初级形状的塑料	2706906	3235573	19.5
自动化数据处理设备及其部件	192455	2239653	12.4
钢材	1982660	2055261	3.7
未锻造的铜及铜材	1241212	1966716	58.5
自动化数据处理设备的零件	1817990	1683933	-7.4
纺织纱线、织物及制品	1636876	1666730	1.8
成品油	1554876	1643675	5.7
通断保护电路装置及零件	1319871	1605874	21.7
计量检测分析自控仪器及器具	1150852	1306416	13.5
二极管及类似半导体器材	993066	1172090	18.0
大豆	748887	1147217	53.2
汽车和汽车底盘	751777	1092591	45.3
印刷电路	869730	1076942	23.8

资料来源：2011~2015年《中国统计年鉴》（对外经济、旅游和开发区）。

第五章 案例讨论篇

加工贸易总额为6176.5亿美元，同比增进21%；其他贸易总额为617.8亿美元，同比增长45.8%。从2015年1~12月中国出口贸易方式看，一般贸易总额占44%；加工贸易总额占51%；其他贸易总额占5%。

东南亚国家有自己的气候优势，有丰富的矿产资源，且劳动力廉价，土地平坦，光热条件好，适合种植大米、木薯、橡胶、热带水果。泰国是亚洲唯一的粮食净出口国，为世界五大农产品出口国之一，老挝原生态香米于2015年正式进入湖南市场，湖南炫烨生态农业发展公司是老挝大米官方唯一指定进出口商，湖南作为粮食生产大省，表5-30为典型的东南亚国家的外贸条件概述，湖南与东南亚国家之间制造业和工业上有良好的合作前景。

表5-30 东南亚国家的外贸条件概述

国家	优势	特点	主要出口产品	主要进口产品
泰国	亚洲唯一的粮食净出口国，世界五大农产品出口国之一 东南亚国家联盟成员国和创始国之一，同时也是亚太经济合作组织、亚欧会议和世界贸易组织成员 丰富的矿产资源，主要为燃料矿、金属矿和非金属矿，锡居世界之首	工业和服务业是该国国内生产总值的两个主要行业，制造业在泰国工业中已成为比重最大的产业，成为主要出口产业之一 泰国旅游业保持稳定发展势头，是外汇收入重要来源之一 泰国是世界上稻谷和天然橡胶最大出口国	汽车及零配件、电脑及零配件、集成电路板、电器、初级塑料、化学制品、石化产品、珠宝首饰、成衣、鞋、橡胶、家具、加工海产品、罐头、大米、木薯	机电产品及零配件、工业机械、电子产品零配件、汽车零配件、建筑材料、原油、造纸机械、钢铁、集成电路板、化工产品、电脑设备及零配件、家用电器、珠宝金饰、金属制品、饲料、水果、蔬菜
柬埔寨	美国、欧盟、日本等28个国家/地区给予柬埔寨普惠制待遇 世界银行和亚洲开发银行每年向柬埔寨提供近亿美元的优惠贷款，主要涉及技术支持、电力、供排水、道路和机场等基础设施建设、卫生、农业、减贫和教育领域 柬埔寨基础设施建设领域市场潜力较大	东南亚国家联盟成员国，经济以农业为主，工业基础较薄弱，门类单调 制农业和建筑业是柬埔寨两大支柱产业 柬政府高度重视稻谷生产和大米出口，融入区域、次区域合作，重点参与区域连通计划的软硬设施建设，加大吸引投资特别是私人领域参与国家建设	服装、鞋类、橡胶、大米、木薯	燃油、建材、手机、机械、食品、饮料、药品、化妆品

续表

国家	优势	特点	主要出口产品	主要进口产品
老挝	水电丰富 主要工业企业有发电、锯木、采矿、炼铁、水泥、服装、食品、啤酒、制药等及小型修理厂和编织、竹木加工等作坊 具有较大的市场潜力	东南亚唯一的内陆国，是社会主义国家。老挝是东盟成员国，世界低度开发国家之一 以农业为主，工业基础薄弱，以锯木、碾米为主的轻工业和以锡为主的采矿业是最重要部门 电网建设弱	木制品、矿砂、铜及其制品、橡胶、谷物	电子、机械、车辆及其零件、钢铁制品、化肥

资料来源：根据湖南商务之窗调研报告整理而得。

（三）湖南与东南亚双边贸易状况

近年来，湖南与东南亚双边贸易不断增长为湖南与东南亚产业合作奠定基础。据统计，2012 年湖南与东南亚贸易为 85.4 亿美元，比 2011 年同期增长 5.1%；贸易逆差首次出现下降，为 46 亿美元，净减少 1.4 亿美元，同比增长 3%。2012 年湖南与东南亚进出口贸易以加工贸易为主，比重占进出口贸易总值的 63.4%，为 51 亿美元，同比增长 11.6%，统计数据显示，2012 年前 4 个月，湖南与东南亚贸易额达 20 亿美元并呈现出逐月增高的形势。近年来，湖南省利用其特有的"五缘优势"积极拓展湖南与东南亚贸易渠道，进一步实现以贸易促进产业合作。

据我国海关统计，2015 年中越双边贸易总额 958.19 亿美元，同比增长 14.6%。其中，中方对越方出口 661.43 亿美元，增长 3.8%；自越方进口 296.76 亿美元，增长 49.1%。我国连续 12 年成为越南第一大贸易伙伴，越南是我国在东盟仅次于马来西亚的第二大贸易伙伴。2015 年越对华贸易逆差 364 亿美元，比上年减少 74 亿美元。据越南工贸部统计，2015 年越南边贸总额为 275.6 亿美元。其中，中越边贸额达 234 亿美元，占比 85%，同比增长 10.1%。

湖南与东南亚的双边贸易也是湖南对外贸易中最活跃、增长最快的领域之一。在直接投资方面，除中国香港和中国台湾以外，东南亚对湖南的投资规模仅

第五章　案例讨论篇

次于美国，它是湖南吸收外资、引进技术的主要对象国，也是向湖南提供政府贷款和无偿援助最多的国家。

（四）湖南与东南亚经贸合作形势

东南亚各国走向区域经济一体化还有很长的道路，但是随着经济全球化和区域化的发展，我国的进出口总额持续增高，从 2001 的 5095.51 亿元升高至 2015 年的 29871.3 亿元，东南亚区域经济合作已经开始进入实质性阶段，经济合作的进程已不可逆转，东南亚自由贸易区的建立逐渐成为经济发展的必然要求。

美国、欧盟以及日本在整个出口贸易市场仍然占有较大的比重，由于市场高度集中的情况出现，导致了出口增长风险不断加大：一方面是在进行少数市场竞争时部分企业会出现恶性竞争，互相压价导致贸易存在摩擦，风险不断增加；另一方面高度集中的市场会导致短时期内出口量剧增以及市场占有率上升太快，会出现价格明显下降的情况，出口产品极其容易成为贸易摩擦和限制的对象；此外，出现摩擦之后，出口产品常常处于被动地位而难以有回旋余地，最终导致结果就是同类企业大量倒闭。尤其 2014 年的外贸形势异常复杂，国际国内因素叠加，给湖南省外贸企业带来了前所未有的严峻挑战。

（五）湖南和东南亚企业对外投资情况

湖南很多外贸企业主要是制造业企业，这样的企业属于劳动密集型产业，对劳动力市场和国外的需求依赖性很大，核心竞争力不强，在现代科学技术迅速发展的形势下，面临的形式越来越严峻，同时由于我国的劳动力市场不断地变化，这都造成我国这一类企业发展越来越困难。湖南很多的服装外贸企业在困境中迎难而上，不断地创新，推出新的产品，积极利用国家对出口企业的优惠政策，不断地对自身的发展做出调整，不断地取得发展。以湖南汇欣进出口有限公司为例，湖南汇欣进出口有限公司是湖南服装外贸公司中的优质公司，平均年销售额高达 8 千万美元，旗下有 14 家分公司，35 家分店遍布 9 个国家和地区，有 1400 名雇员。主要经营包括服装类进出口贸易、有色金属贸易和其他投资。随着人民币汇率不断波动、我国劳动力成本增加和国际服装市场的疲软，企业面临的经营环境变化很大，缺少明晰的发展战略。而现有的工作流程不能及时应对环境变化，管理模式也无法满足业务的需要，于是企业委托管理咨询公司为其进行战略与业务流程设计，并帮助其选择和实施合适的管理模式。企业利用先进的管理模式，加强市场的调查，利用新的技术，开发出新的应用技术，将多年的经验和数据进行整合，积极了解不同地区客户的需求，有针对性地推出新的产品，同时有效地管理企业的物流、资金流和信息流，特别是对订单进行实时控制和管理，使企业在金融危机中也没有减少市场份额，不断地发展壮大，近两年的年增长率都在25%以上。

改革开放以来，湖南与东南亚国家联系紧密，但根据统计年鉴中的外资直接投资签订合同情况来看，并不是十分理想，2013和2014年，泰国和湖南的合作项目仅有一个，相对而言，新加坡的项目个数要远高于泰国，为7个，其中，合同外资额和实际利用外资额也远高于泰国，2014年分别达到了22934万美元和26253万美元，但同时马来西亚和新加坡项目数分别下降了2个和3个。2013~2014年，泰国、马来西亚、新加坡与湖南的外资直接投资签订合同情况基本占湖南所签订的外资直接投资的3.5%~4.2%，根据这三个国家的情况，不难看出，湖南与东南亚经贸合作并非预计中密切，反而不同于其他欧美、日韩国家与湖南的合作状况（见表5-31）。

表5-31 外资在湖南直接投资签订合同情况（分国家、地区）

国别	2013年			2014年		
	项目个数（个）	合同外资额（万美元）	实际利用外资（万美元）	项目个数（个）	合同外资额（万美元）	实际利用外资（万美元）
泰国	1	4644		1	898	4440
马来西亚	7	4193	4643	5	10168	9869
新加坡	16	14732	21164	13	33934	26253
三国总数	24	23389		19	45000	40562
各国总数	572	767222	870483	539	1117167	1026585
三国占总比例（%）	4.19	3.04		3.52	4.03	3.95

资料来源：2014~2015年《湖南统计年鉴》（对外经济、旅游和开发区）。

第五章 案例讨论篇

表 5-32 概括了 2015 年湖南根据泰国、柬埔寨、老挝的国情所作出的合作方案和具体方针。

表 5-32 2015 年湖南与泰国、柬埔寨、老挝的经贸合作情况

国家	典型合作	具体方针
泰国	多家湘企与湖南工业园签订了入园合作协议 多家湖南企业与湖南产品展示中心签署合作协议 泰国商协会与湖南企业签署合作协议	主要推进工业园、商贸园区的建设,而且在深入了解湖南、泰国民众的购物需求后,形成贸易需求清单,推动双边贸易额的增长
柬埔寨	农业项目 金边新城开发区项目 商务旅游酒店项目 柬埔寨湖南环球经济特区项目	加工贸易:利用无贸易壁垒的优势,引导加工企业采取 SKD 方式开展贸易 农业:利用柬埔寨的优势及环球集团在柬埔寨的既有项目基础,形成农业产业园 农业机械:改变湖南农机公司在柬埔寨散小差的现状,整合资源,形成农机产业园 商贸和物流:建立大型批发市场,辐射周边国家,同时加大从柬埔寨进口大米的力度 基础设施建设和投资:关注并推动企业参与金边新城项目
老挝	以沙湾纳吉的研发中心为基础,逐步发展形成一个以老挝为中心、辐射东南亚,集种子培育、水稻种植、农机销售、大米加工及出口等为一体的综合园区 湖南省建工集团与老挝交通部签订了万象至占巴色高速公路投资备忘录 湖南省商务厅与老挝投资计划部签订了关于推进湘老双边投资持续发展的合作框架协议	一路:即万象至占巴色 810 千米高速公路项目,形成贯穿老挝南北的第一条高速公路 四园:即一个 15 万亩的橡胶园区,一个以炫烨(老挝)有限公司为载体的农业产业园区,一个以加工贸易为主的经济特区甘蒙省他曲市普乔经济专属区,一个集金矿开采及粗加工为一体的资源性园区;贸易,推动湖南与老挝的贸易总额增长,将老挝特有的啤酒、咖啡、辣木籽等产品进口至湖南,并以工业园区的形式将湖南产品出口至老挝

二、湖南与东南亚经贸合作存在的问题

(一) 过度依赖外贸

外资企业在湖南外贸中占据首要地位,依靠雄厚的基础和地利的优势独占鳌头,并且外资企业不断加大对外出口贸易,相对而言,我国民营企业以及国有企

业对外出口在外贸方面的地位逐步下降。虽然受全球经济复苏乏力的影响，湖南2015年对外贸易发展进入新常态。贸易方式格局总体向好，一般贸易占主体地位，加工贸易平稳增长，特殊监管区域业务发展较快。2015年湖南一般贸易进出口1062.7亿元，下降16.5%，占58.2%。同期，湖南重点加工贸易企业业绩良好，加工贸易进出口619.9亿元，增长18%，占同期全省进出口总额的34%。此外，海关特殊监管区域进出口货物131.5亿元，增长89%，占7.2%。国有企业则在全国同类企业对外出口贸易所占比重基本保持不变，年增幅较为缓慢。多数民营企业、集体企业的对外贸易出口额继续快速提升，并且超越了国有企业，尤其是在出口总额、占全国出口比率及年增长率方面。然而在国内所有同类商品对外出口贸易总额却仍然保持基本不变。总而言之，湖南贸易结构形势还是很严峻的。

（二）出口商品核心技术不足

对企业来说，研发与创新是它的生命力。所以，能否在企业内部形成不断研发、不断创新、不断追求产品更新换代的机制十分重要。目前在湖南已经形成一定规模并且有较强技术开发能力的企业大多是国有企业，但国有企业机制转换慢，冗员多，负担重，企业活力不足，在管理体制、企业运行机制方面跟不上技术、管理创新的要求。民营企业虽然机制灵活、创新意识强，但存在规模小、资金和人才缺乏等问题（见表5-33）。

表5-33　湖南企业现状及原因

现状	原因	战略方向
创新能力不足，企业缺少自主知识产权的核心技术 国有企业机制转换慢，冗员多，企业活力不足 民营企业虽然机制灵活、创新意识强，但存在规模小、资金和人才缺乏的问题	自主创新投入不足 核心技术确实导致产业技术空心化 缺少专门创新人才和创新意识 制度因素制约了企业的自主创新活动	以劳动密集型为主，如纺织、服装以及初级产品，这些产品技术含量低，竞争力小，替代性强 发展航天航空、微电子、生物工程等高科技产业市场

第五章 案例讨论篇

目前，湖南境外直接投资领域主要是以劳动密集型为主，如纺织、服装以及初级产品，这些产品技术含量低，竞争力小，替代性强。但从长远看，航天航空、微电子、生物工程等高科技产业市场需求越来越大，所以湖南急需培育这方面的优势产业参与国际竞争。总之，湖南境外直接投资不管是宏观方面还是微观方面都存在一定的问题，为了在新形势下进一步提高湖南的境外直接投资的水平与质量，不管是企业还是政府都应积极采取措施，既要借鉴发达省份成功经验，又要充分发挥自身优势，从而实现又好又快发展的目标。

（三）对外投资结构有待进一步优化

在对外投资地区分布结构上，虽然湖南对外投资多数集中在东南亚地区和部分发达国家和地区，但是，在对外投资的产业结构上偏重初级产品、资源密集型产品和劳动密集型的产业投资，相对忽视高新技术产业的投资；偏重消费品投资，忽视生产资料投资；偏重对国内连锁效应弱的产业投资，忽视对国内连锁正向效应强的产业投资。在对外投资的方式上，湖南80%以上的海外企业属于新建企业，且合资方式占相当大比重，目前国际上流行的跨国收购、兼并方式利用较少。投资方式单一，不利于湖南企业在对外投资中灵活利用各种投资方式的优势。

（四）对东南亚投资的宏观管理有待完善

一是对东南亚投资的宏观管理的缺陷主要表现在缺乏宏观管理的规划和指导，没有明确的产业发展方向，没有与我国外贸市场战略相适应的境外投资的国别政策。二是对外投资管理政出多门，缺乏统一高效的管理机构。目前的对外投资采取由商务部牵头，省计委、财政厅、海关等部门分头协助管理的方式，部分产业还涉及农业厅、林业厅等一些部门。在实际运行中部门协调无章可循，容易出现重复管理、遗漏管理等局面。三是对外投资的法规建设严重滞后，至今尚未出台一部较为完善的对外投资法律体系，管理中无法可依、无章可循，导致跨国投资在一定程度上混乱无序。四是对外投资信息服务体系尚未完全建立，企业难以及时获取国际市场信息。五是没有形成一套完善的境外投资风险防范体系，缺乏风险监管、评估的专门机构，难以形成实施"走出去"战略的整体合力。

开放型经济发展的评价与思考

相对而言，东南亚经济主要是依靠区域经济一体化发展起来的，从东盟特惠贸易到东盟自由贸易区的启动，将对外贸易发展至金融与其他经济领域。在经济全球化浪潮的冲击下，东盟国家逐步认识到启动新的合作层次、构筑全方位合作关系的重要性，并决定开展"外向型"经济合作。东盟自由贸易区正式建立于2011年11月，第19届东盟领导人一致同意建立"东盟区域全名经济伙伴关系框架"（ASEAN Framework for Regional Comprehensive Economic Partnership，RCEP），在"10+3"的基础上，开展东亚峰会，东盟倡导建立以东盟为主导的与其他协定合作国家形成的区域全面经济合作伙伴协议（ASEAN），因此，东盟10国（文莱、印度尼西亚、马来西亚、菲律宾、新加坡、泰国、越南、老挝、缅甸、柬埔寨）与日本、韩国、印度、中国、新西兰和澳大利亚六个国家签订了该协议，并且这六个"10+1"分别取得了不同进展，表5-34为东南亚国家的对外经济组织。

表5-34 东南亚国家的对外经济组织

名称	合作国家	时期	战略意义
"10+1"	中国	20世纪90年代后期	是东亚经济合作的雏形 以经济合作为重点，逐渐向政治、安全、文化等领域拓展，已经形成了多层次、宽领域、全方位的良好局面 确定了五大重点合作领域，即农业、信息通信、人力资源开发、相互投资和湄公河流域开发
"10+3"	中国、日本、韩国	1999年	在宏观经济风险管理、加强公司管理、资本流通的地区监管、强化银行和金融体系、改革国际金融体系，加强自救与自助机制 加速贸易、投资和技术转让，鼓励信息技术和电子商务方面的技术合作，推动工农业合作，加强中小企业，推动旅游业的发展 跨国问题上加强合作，以解决东亚各国在这一领域的共同关切
"10+6"	中国、日本、韩国、印度、澳大利亚、新西兰	2005年12月	东亚峰会的产生提供了一个对话与交流的平台和机会 加速东亚一体化的进程和化解东亚矛盾 建立更强的战略关系，大力发展旅游业、制造业和工业

第五章 案例讨论篇

续表

名称	合作国家	时期	战略意义
"10+8"	中国、日本、韩国、印度、澳大利亚、新西兰、美国、俄罗斯	2011年11月	加强了东盟10国与其他国家的战略合作关系 确保本地区未来的和平与发展 有利于国际分工与贸易互补,经济上相互依存 东亚峰会有利于东亚一体化的进程

（五）经营主体实力不强,对外投资规模偏小

在湖南的对外投资企业中,中小企业在数量上占相当大比重。除三一重工、湖南有色等少部分企业规模较大外。三一重工是湖南率先走出去发展的龙头企业,在印度尼西亚有十几年的业绩。三一重工借力当地知名企业,实行强强联合,走出了一条海外发展的新途径,为印度尼西亚的基础设施、城市建设和高速公路等领域的发展提供积极的贡献。此外,其他企业的规模都非常小,在151家境外投资企业中,投资额低于100万美元有62家企业,低于200万美元的有104家。湖南非金融类海外企业平均投资额为311万美元,远低于发达国家平均水平。由于湖南海外企业规模偏小,难以形成规模经济。也难以与世界大型跨国公司相抗衡。此外,由于企业在履行社会责任、环保、安全生产、劳动保障等方面较差,企业的软竞争力严重不足。在2000年成立的四家境外投资企业中有三家已经暂停营业;在2001年成立的五家企业中有三家暂停营业;2002年成立的七家境外投资企业中全部暂停营业;等等。由此可见,湖南与东南亚国家的经贸合作形势同样严峻。

（六）企业经营机制不佳

湖南企业参与国际竞争的要求还有很大差距,特别是经营机制不能适应国外市场变化。作为湖南对外投资主体之一的国有大中型企业,长期被产权不清、政企不分所困扰,企业缺乏自主经营机制,大部分企业没有对外经营权、境外投资设点权、海外融资权、外汇的支配使用权等,严重制约了企业优势的发挥和经营空间的扩大。目前除为数不多的几家企业制定了长远的海外发展战略外,大多数企业还处于无规划状态。此外,不注重品牌宣传。目前仅有三一重工和宏梦卡通

少数几家企业在国外注册了商标,进行品牌推广与品牌宣传,而其他企业还没有意识到品牌塑造,还停留在比较原始的产品推广阶段,所以导致产品市场潜力大,但利润率并不高的现象。事实上,进入国际市场参与全球竞争,是需要一定的知名度、美誉度才会具有竞争力。

三、加强湖南与东南亚经贸合作的对策建议

(一)加强与东南亚国家的外贸合作,响应政策"走出去"

湖南外贸企业应坚持以质取胜,加快推进对外贸易从货物贸易为主向货物贸易与服务贸易并重转变。完善出口品牌培育机制,引导湖南外贸企业从贴牌生产向委托设计和自主品牌为主方向转变。完善加工贸易政策,推动加工贸易转型升级。加快服务贸易发展,扩大软件服务外包出口。支持有条件的湖南外贸企业"走出去",参与海外资源开发,建立境外生产、营销和服务网络,带动商品、服务出口。

当前在东南亚地区,日本的商品虽然价格比我国的产品高,但需求量依然很大,主要原因就在于其质量好,售后服务体系完善。湖南"走出去"企业应履行好自己的社会责任,不断提升商品的品质,逐步完善产品的售后服务体系,打造湖南品牌。同时,企业要进行长远规划,制定长期发展战略,实现本地化,不仅要加强对当地工作人员的培训,逐步实现雇员本地化,而且要根据当地情况形成具有当地特色的企业文化。

1. 完善有利于加工贸易转型升级的政策

这方面的政策是从湖南外贸企业的角度来考虑的,要解决的是如何让湖南外贸企业(主要是外资企业,也包括其他企业)愿意提高国内配套程度,愿意在国内延伸产业增值链的问题。要以建设双方航运中心为重点,依托海峡双方港口资源优势,整合港口资源,建设一批物流中心,完善船代、货代、运输、仓储等航运服务体系。

如图5-4所示,建设物流业合作平台,形成一套完善的物流体系,重点推动双方物流企业在货运、仓储及相关信息处理和咨询业务方面的合作,引进电商

第五章 案例讨论篇

的优秀运作模式（见图5-5），使消费者获得优质服务，从而增加湖南与东南亚经贸合作的必要性。

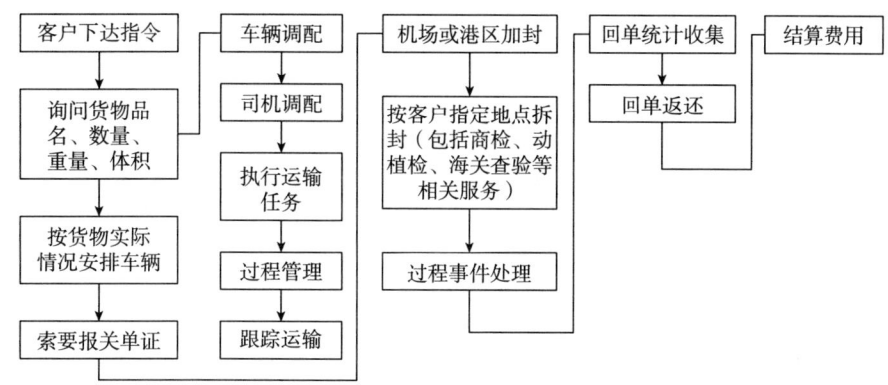

图5-4 完善的物流体系

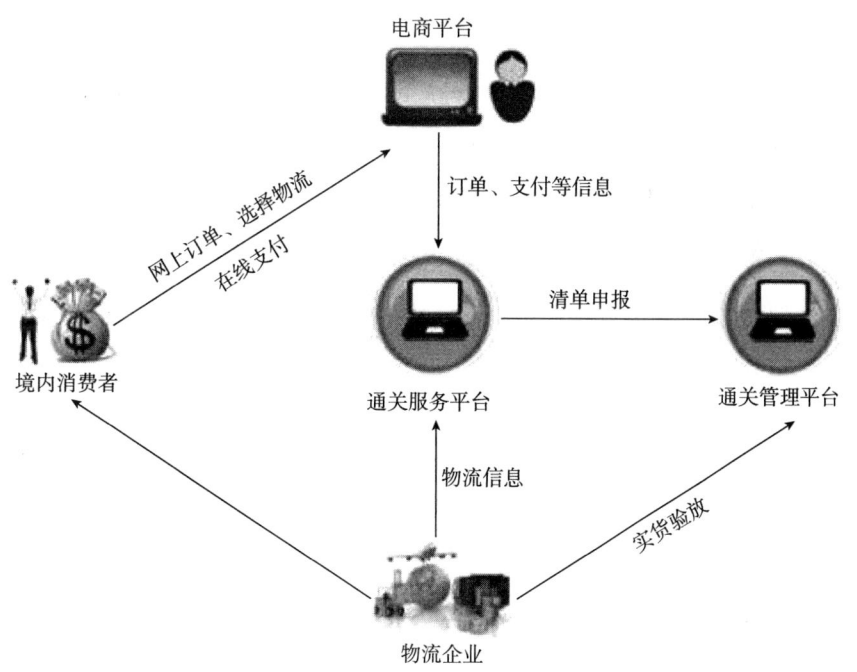

图5-5 电商运作流程

开放型经济发展的评价与思考

湖南要抓住机会，充分利用东南亚的自然优势和劳动力优势，与东南亚国家的某些行业进行合作，如旅游业，要完善双方旅游合作机制，共建湖南与东南亚双向旅游精品线路，打造"优质轻松"的旅游品牌，设立独资或合资旅行社，提升旅游企业经营管理水平，促进湖南和东南亚双方的旅游业发展。

2. 鼓励湖南企业与跨国公司开展配套合作

随着经济全球化的发展，发展中国家已经成为世界经济发展的一个重要组成部分，而对外贸易是世界各个国家参与世界经济发展的一个重要方式。我国作为发展中国家。自实施改革开放以来，我国的对外贸易发展开始提速，尤其是加入世界贸易组织以来，外贸进出口总额每年上一个台阶，实现了高基数上的高增长。在2007年时，我国进出口总额就已高达1.15万亿美元，跃升为世界第三大贸易国；2012年出口总值从第九位上升到第一位，进口总值从第10位上升到第2位，而在2015年，对外贸易量更是达到了3.87万亿美元，跃居世界第一位，这创造了全球视线里的中国发展奇迹。但同时我国外贸增长是以数量增长为主，走的是一条规模扩张的"粗放增长"之路。如同我国经济"粗增长"之路越走越窄一样，外贸以数量扩张为主的增长方式也越来越多地受到市场和资源等诸多刚性因素的制约，长此以往，将难以为继。

这方面的政策是从国内配套企业的角度来考虑的，要解决的是如何让湖南外贸企业具备条件并愿意积极向加工贸易企业提供配套的问题。建议有如下三条：

（1）所得税优惠。凡为湖南外贸企业提供配套（包括信息、科技投入等各种服务）达到本企业销售额一定比重（如30%或40%）的内资企业，其企业所得税可给予减免或返还。

（2）建立湖南外贸企业为跨国公司和外商投资企业提供加工配套情况的通报、考核制度。这主要是对地方政府的一种政策导向，在我国现行体制下，还是可以发挥一些作用的。

（3）帮助湖南外贸企业解决缺少关键零部件生产技术以及技术创新能力不足等具体困难。这是一个基础性的问题，如果不采取措施解决，即便政策再优惠，也没办法从根本上提高加工贸易的国内配套比重。

(二) 加强高新技术产业创新力度

随着经济全球化的日益增强，技术进步对经济增长的作用日益增强，技术进步有利于提高劳动生产率，降低生产成本，有利于开发新产品，有利于提高产品的附加值。可以说，技术进步是湖南对外贸易结构不断升级和优化的最终选择。通过技术进步，提升和优化湖南省的产业结构，提高湖南产品出口中资本、技术型产品的比例，增强湖南出口产品的国际竞争力，从而真正优化湖南的对外贸易结构。

高新技术产业技术含量高、产品的生命周期短、更新快速、竞争激烈，所以企业必须进行自主研发、加强自主技术创新能力，才能使产品具有竞争力。首先，企业要加强技术研发机构的建设，加强与科研院所之间建立长期技术创新合作关系，通过产学研相结合的方式，壮大企业的自主科技创新实力。其次，政府要制定鼓励自主技术创新的政策，为企业进行自主创新提供有利的政策环境，政府部门要加大研究开发的投入力度，在资金、人才、技术上为企业的自主创新提供保障，加强对企业科技创新的指导，建立企业自主创新的动力机制。

(三) 调整湖南在东南亚国家的经贸合作结构中的比例

要提高湖南在东南亚这个国际市场份额、提升湖南在整个东南亚市场的国际竞争力，湖南必须根据不同东南亚国家的国情，做出相对应的对策，结合我国的"一带一路"倡议，因地制宜。首先，国家应重点扶持那些投资少见效快、就业量大的服务行业；其次，要加大对技术密集型和知识密集型服务业的资金投入和人才培养力度，加速咨询、信息、技术服务等新兴服务业的发展；再次，还要大力发展生产性服务业，加强服务业与制造业的协调联动；最后，重视农村服务业的发展，特别是农业产前、产中、产后的服务行业的发展。另外，还要抓好服务贸易相关行业及辅助行业的发展，完善交通、文教、能源等基础设施建设，为服务业发展奠定基础。

(四) 加强金融业合作

加强双方金融交流合作的目的在于推动双方建立区域性金融中心，促进双方金融机构双向互设、相互参股，打造双方资本对接平台。为此，一是积极引进东南亚资金融机构。适当降低东南亚资金融机构在湖南设立分支机构或成立合资金融机构的准入门槛。二是借鉴东南亚风险投资业的成功经验，成立风险投资公司，吸引东南亚风险投资人才创业。三是帮助东南亚商资企业解决融资困难。在东南亚商资投资相对集中地区，推动建立东南亚商信用担保公司，提高东南亚投资商信用担保能力，将东南亚企纳入各地中小企业信用担保体系，为东南亚企业融资提供新渠道。

（五）把握"一带一路"时机

一直以来，湖南与东南亚国家经贸联系较紧密，原因就在于地缘近、发展基础好、经济上的互补性强，而且东盟与欧美、日本、印度、澳大利亚、新西兰等国家和地区有自贸协定，湖南部分产业可以通过东盟绕开贸易壁垒，进入其他国家市场。同时，东南亚近年来对基础设施建设的需求较大，农业、制造业、资源开发、服务业等方面也有较大合作空间。企业在进入东南亚市场时应详细了解当地情况，找准切入点，避免同质竞争。

总之，湖南与东南亚国家经贸合作的对策研究是极其重要和必要的。经济全球化已成为当代世界经济的根本特征和不可抗拒的历史潮流。它带来了整个世界范围内的经济发展和资源的最优配置，这对包括中国在内的发展中国家来说具有尤为重要的意义。目前，湖南与东南亚国家的经贸合作形势复杂，虽然面临更多出口贸易和投资合作机会，但是由于湖南本土企业经营体制不活，缺乏完善的跨国企业的管理体制和概念，经济主体实力不强，缺乏自主创新能力，竞争力小，在整个东南亚市场中处于劣势，再加上湖南企业对外贸易结构有待于进一步提高，对于外贸依存度较大，湖南必须结合自身条件和优势，有计划、有目的地和东南亚进行一系列经贸合作，才能达到最高的合作目的，获得最大的经济效益。

第四节 我国民营企业开拓国际市场的分析与思考

在我国的经济体制中，民营企业已成为经济结构中的重要组成部分，据不完全统计，我国民营经济占 GDP 总量的 49.8%，在国民经济中的地位和作用越来越显著。全球化经济的深入发展和经济一体化的加速形成,再加上我国提出的"一带一路"倡议,更重要的是当前国家处于经济转型的重要阶段,国内经济增速放缓使我国民营企业的经营环境变得更加激烈,不少企业只能主动或者被动开拓国际市场去争夺有限的资源、市场、人才等等。民营企业正成为出口的主力军,在世界经济普遍不景气的情况下,我国的经济发展得以一枝独秀,其经济增长率大大超过世界平均水平,其中出口的拉动作用非常明显,成为我国对外贸易的重要增长点。与此同时,我国民营企业开拓国际市场也面临方方面面的压力和困难,国际化战略失败、国内市场被外来企业抢占等等,最终取得成功并且经营良好的民营企业仅占三分之一。本节将分析民营企业开拓国际市场的基本概况,总结民营企业存在的问题并且提出民营企业开拓国际市场的对策。

一、民营企业开拓国际市场的概况

(一)民营企业开拓国际市场的动因分析

1. 我国长期实行"走出去"战略

面向未来的发展需求,我国提出了改革、创新、开放为经济发展"新三驾马车",因此"走出去"战略仍然是我国长期坚持的基本战略。市场经济的蓬勃发展和全球化使国内市场日趋饱和、竞争激烈,许多民营企业在国家政策的支持和引导下走上国际化道路,利用成本优势提升国际竞争力,分取国际市场份额。民营企业认为在发达国家市场规模大,价格低廉可以获取高额利润;而在发展中国家人口多潜在需求大,技术含量要求相对较低,这往往是民营企业进行国际市场开拓的首要动机。

2. 民营企业技术的进步

随着我国科技的进步,我国由原来的世界工厂向中国创造改变,这与我国民营企业注重技术创新是密不可分的。

根据国家知识产权局相关数据显示,我国专利申请在1995年仅有1700件,此后每一年均大幅上升,增长率平均为32.2%左右,截至2015年,国家知识产权局共受理发明专利申请110.2万件(见图5-6),同比增长18.7%,连续5年位居世界首位。我国民营企业在 2015 年专业申请约占总数量的 77.7%，可以说我国民营企业自身创新活跃，而科技含量的提高为民营企业开拓国际市场提供了基本保障。

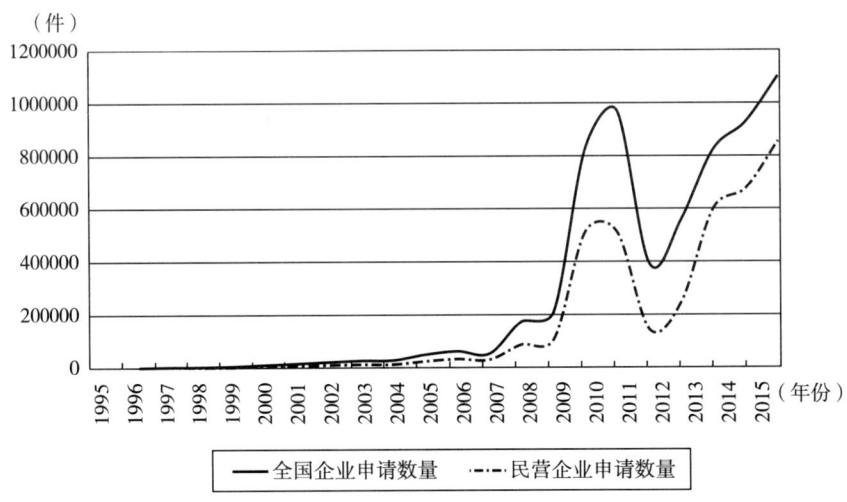

图 5-6　我国企业专利申请数量

3. 打造核心竞争力的需求

核心竞争力是企业竞争力中那些最基本的能使整个企业保持长期稳定的竞争优势、获得稳定超额利润的竞争力，是将技能资产和运作机制有机融合的企业自身组织能力，是企业推行内部管理性战略和外部交易性战略的结果。现代企业的核心竞争力是一个以知识、创新为基本内核的企业某种关键资源或关键能力的组合，是能够使企业、行业和国家在一定时期内保持现实或潜在竞争优势的动态平衡系统。我国民营企业发展起步晚，相比国外开拓国际市场能力欠缺，民营企业将经营活动领域从单一的国内市场扩展到海外市场，可以在更大的范围内学习国际上先进的技术、管理经验，弥补企业本身的不足，有利于民营企业打造出更强的核心竞争力。

第五章 案例讨论篇

(二)民营企业开拓国际市场的发展历程

通过对相关文献的研究,本章大致将民营企业国际化发展历程分成三个阶段(见图5-7)。

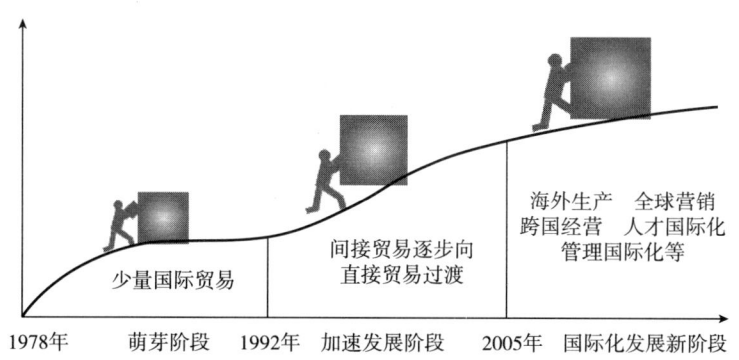

图5-7 民营企业国际化的三个阶段

资料来源:《中国金融报》。

1. 萌芽阶段(1978~1992年)

在这个阶段,改革开放刚实行不久,民营企业就是指个体工商户。由于国家明确了个体经济的发展,相对宽松的大环境使民营企业得到发展机会,但是民营企业并没有直接进口权,只能通过有进口权的国有企业才能引进技术、原料和设备,等等,只有少量企业开展国际贸易。

2. 加速发展阶段(1992~2005年)

随着市场经济的不断推进,给民营经济和个体经济的发展提供了机会,1998~2004年,我国上规模民营企业从463个逐步增至2119个,而且企业的规模、经济效益、经济效率、社会效益也呈现逐步上涨的趋势。2000年初,国家实施"走出去"战略,鼓励和支持各种类型的企业开展各种形式的经济合作,这个政策大大推动了民营企业的国际化进程,表5-35为2001~2004年我国民营企业对外贸易发展情况。

开放型经济发展的评价与思考

表 5-35 2001~2004 年我国民营企业对外贸易发展状况

年份	对外总贸易额（亿美元）	出口额（亿美元）	增长幅度（%）	进口额（亿美元）	增长幅度（%）
2001	309.33	53.1		34.03	
2002	516.8	137.8	159.5	95.6	180.9
2003	976.9	347.5	152.2	245.7	157
2004	1606.3	92.5	99.2	419	70.5

资料来源：根据商务部、统计年鉴、海关进出口相关数据整理。

3. 国际化发展新阶段（2005 年至今）

2005 年以后我国民营企业的国际化发展进入一个崭新的阶段，被认为是中国企业全球化元年，是年众多著名行业领先企业通过收购、兼并等方式寻求海外拓展，标志性事件有中海油竞标优尼科，中石油收购哈萨克斯坦石油公司，还有联想、TCL、华为等民营企业"走出去"。这个阶段企业国际化的方式逐步呈现多样化发展的特点，企业并购增加、海外投资规模扩大，企业逐步实现海外生产、全球营销、跨国经营、人才国际化、管理国际化。2005 年到现在中国企业全球化从行业广度到深度均得到提升和拓展，标志性事件包括鞍钢收购澳大利亚金达必公司、中国移动收购巴科泰尔以及最近中铝收购秘鲁铜业等等。

（三）民营企业开拓国际市场的现状

1. 民营企业进出口现状

2008 年至今，民营企业已经成为进出口的主力军，不管是占总外贸进出口比重还是同比增速都呈持续上升趋势，如表 5-36 所示连续几年都超越了国有企业，并且进口大于出口，说明国际市场还有很大的空间可以开发。

表 5-36 2008~2012 年民营企业进出口情况

年份	进口		出口	
	金额（亿美元）	同比（%）	金额（亿美元）	同比（%）
2008	3807	27.9	1593	25.7

第五章 案例讨论篇

续表

年份	进口		出口	
	金额（亿美元）	同比（%）	金额（亿美元）	同比（%）
2009	3959.3	4	1653.5	3.8
2010	4812.7	42.2	2592.8	56.6
2011	6352.9	32.1	3345.9	34
2012	7686.4	21	3820.5	14.2

资料来源：2008~2012年中国民营经济发展报告。

2. 我国民营企业进出口主要行业分布情况

以传统劳动密集型产品为主，产品科技含量和附加值较低。由于民营企业对出口产品的自主开发能力普遍较弱，科技人才缺乏，出口产品大部分是具有一般比较优势的传统劳动密集型商品，如服装、纺织品、塑料制品、小机电产品等，高新技术产品出口比重仅为7.8%，而这7.8%中，科技含量相对较低的电子信息类产品又占了一半以上。

3. 对外贸易区域情况

以亚、欧、美市场为主，市场集中度较高。由于民营企业是从提供货源开始步入国际市场的，因此其出口市场结构基本与国有及集体外企业一致，主要集中在亚洲、欧洲和北美等传统市场，集中度高达86%。亚洲市场由于产品消费上的同源性和市场信息上的容易沟通，成为民营企业出口第一大市场，出口占比一直保持在40%以上；欧美是民营企业出口最为活跃、最具潜力的市场，出口比重近年来呈上升态势，两市场的比重超过了亚洲市场。在第113届广交会上，北美和南美洲等新兴市场逐渐成为我国南海外贸的"亮点"，尤其是被誉为金砖国家的俄罗斯、巴西、印度等市场，备受外贸企业关注。2012年，我国外贸市场经历了一个寒冬，海关数据显示，作为我国传统市场的欧美日等发达国家，在2012年外贸总值比2011年降低2.1%，而同期中国与东盟、俄罗斯、南非等新兴市场占贸易总值的20%，比2011年增加0.8%。近年来，我国与拉丁美洲的贸易不断发展，从10年前150亿美元的贸易快速增长至2000亿美元，年均增幅在28%左右。海关数据显示，在2013年1~2月拉丁美洲的客户骤增，其中最突出的为墨西哥，跃居贸易伙伴的第8位。此外，巴西在世界杯和奥运会的筹办上开始进入冲刺阶段，因此，巴西采购商的询盘也明显增加。另外，由于"一带一路"倡议的提出和亚洲银行的建立，我国民营企业也把市场瞄准了中亚、西亚等国家。

4. 出口产品竞争力分析

据统计年鉴相关数据显示，民营中小型出口企业的出口产品主要为传统的劳动密集型产品，占据民营企业出口总量的70%左右。这主要是受民营中小型出口企业行业分布的影响。全国工商联对民营企业的发展现状和规模的调查结果显示，民营中小型企业主要分布于劳动密集型产业和简单的加工行业，其中拥有进出口权的企业主要分布在纺织、机械五金、轻工、食品和建材等领域，又以轻纺工业和机电行业居多。民营中小型出口企业在行业上的分布决定了企业出口的商品必然以传统的劳动密集型的产品为主。这类产品科技含量低，附加值低，以物美价廉吸引客户，其竞争力依靠成本优势获得，主要体现在低廉的价格上。这种现状在短时期内很难改变。

二、民营企业开拓国际市场的障碍

（一）规模小且融资难

民营企业的一个显著特征是规模普遍较小，表现在注册资本少，资产规模小，经营规模小，职工人数少，企业规模较小不仅影响企业发展的进程，而且难以形成规模经济以抗衡国际竞争压力。我国的民营企业大多规模比较小。第一，资金规模比较小，中国商贸部相关数据显示，全国私营企业户均注册资本为73.2万元，与财大气粗的国企、外企相比，可谓是天壤之别；第二，劳动力规模也比较小，这些劳动力大多文化水平低、技术能力差。在这种条件下，由于各自为政，中小型民营企业的资本积累缓慢，而信用缺失，银行贷款审核困难，民间借贷压力大，民营企业金融市场融入资金又相当困难，因此，要培育一批大型的民营企业极为困难。再者，外商一般不屑与之合作，难以吸收国外先进的技术，导

第五章　案例讨论篇

致产品在国际上缺乏竞争力。

（二）管理方式粗放

大部分民营企业在发展之初都是由家庭作坊起家的，刚开始采取的是以个人为中心，以亲情为主导的家族式管理模式，公司董事长或总经理是由最大股东担任，在一些稍有规模的民营企业中，很多由亲朋好友担任领导阶层。这种家族式的管理模式在企业的创业初期可以利用创业者的个人魅力及感召力，保证决策的高效率和企业的凝聚力，然而，随着时代的发展，当企业发展到一定规模的时候，依然采纳这种落后的家族式管理模式，它的弊端也就越发明显地显现出来了。一方面，家族式管理模式以家庭成员为主，缺乏科学、合理的管理机制及透明的分配制度，容易造成对人才的排挤和内部管理秩序的混乱；另一方面民营企业的第一代家族式管理者普遍文化素质较低，难以为企业进行长远规划，也难以形成国际化经营的观念与目标，大部分没有长远的战略目标，难以实现可持续发展。

（三）缺乏创新能力和核心竞争力

竞争力其实就是企业在长期竞争过程中逐步积累形成的不同于竞争对手的能力，它可能是研发能力、制造能力、营销能力，也可能是品牌能力，等等。核心竞争力不同于一般的竞争力，它应该是企业成功和保持竞争力优势的关键竞争力。由于许多民营企业家对于核心竞争力缺乏清晰的认识，对国际市场的开拓、产品的研发没有战略规划，致使民营企业在国际市场上即使成功也是暂时的，缺乏发展的"后劲"，不能保证企业得以持续发展。例如，我国民营企业对产品的研发能力有限导致出口产品技术含量较低，民营企业之间、民营企业与国有外贸公司之间出口产品的差异较小，企业产品的竞争力在于低廉的价格，引起了很多贸易摩擦，造成企业外部环境严峻。据中国商贸部和统计年鉴相关数据显示，1999年以来，我国民营企业出口增长迅速，出口额由1999年的6.3亿美元上升到2004年的692.5亿美元，出口占全国总出口的比重逐年提高，由1999年的0.32%上升到达2004年的10.6%，增长率始终保持在100%以上。有数据表明：2004年民营企业出口产品排前五位的是纺织原料及纺织制品，机电、音像设备及零部件，贱金属及其制品，化工及相关产品。出口产品技术含量低、自主创新能力薄弱的问题已经日益成为我国民营企业发展的瓶颈。我国民营企业的产品生产表现出较强的"拿来主义"和"短期化行为"的倾向，民营企业更多地是借助于外来技术，通过技术转移的方式获得技术创新成果，缺乏自主创新能力的问题成为制约民营企业在国际市场发展的瓶颈。加快提高自主创新能力，成为推动产业结构优化升级，取得国际竞争优势的迫切需要。浙江是我国民营经济最发达的省份，据资料显示浙江民营企业之间的产品的趋同率高达18%，地区与地区的民营企业出口商品趋同43%，出口产品非常类似，造成生产同一产品的企业之间竞相压价，竞争异常激烈，以至于我国有些出口企业生存空间受到严重压迫，导致我国民营经济不正当竞争，造成整个环境不健康发展。

（四）缺乏高素质的营销人才

跨国经营需要既通晓国际贸易、国际金融、国际市场营销、国际企业管理、国际经济法等知识，又要熟知国际生产、管理和销售业务，还需具备较强的语言能力、适应能力和公关能力，以及强烈的开拓能力和敬业精神，而民营企业里面从事出口外贸的专业人员素质相对较低，主要是外语口语不熟练，从事出口业务的人员整体素质不高，缺乏专业外贸人才。民营企业由于国际化经营经验不足，缺乏能够适应国际市场的专业营销人才。并且企业不注重对营销人员进行当地风俗文化、传统礼仪和法律问题的培训，导致在开拓国际市场过程中频频犯错，成了民营企业开拓国际市场的一大障碍。

（五）贸易壁垒问题

贸易壁垒，是本国对国外商品劳务交换所设置的人为障碍，主要是指一国对外国商品劳务进口所实行的各种限制措施。贸易壁垒一般分非关税壁垒和关税壁垒两类，就广义而言，凡使正常贸易受到阻碍，市场竞争机制作用受到干扰的各种人为措施，均属贸易壁垒的范畴。据中国商贸部和海关进出口统计资料整理，1979~2000年，我国出口产品共受到反倾销调查416起，2004~2006年，我国企业遭遇的反倾销和保障措施调查已居世界首位，截至2014年，我国共遭受国外贸易救济调查案件900多起，涉案金额超过千亿美元。我国已连续19年成为全球遭受反倾销调查最多的国家，连续9年成为全球遭受反补贴调查最多的国家。知识产权、技术壁垒、宏观经济政策等方面的摩擦也呈迅速上升的趋势。

（六）缺乏科学的营销策略

由于目前很多民营企业没有足够的实力去进行国际营销，所做的大部分是外贸出口，产品一旦交出去企业就不会去关注目标市场的反应，缺乏长远科学的国际营销规划和设计。有时企业虽然已经迈出国际营销的步伐，但大都只是一时热情，凭企业主喜好选择目标市场进行投资，或者面对名目繁多的展会，没能选对其中适时、适度与企业营销计划相匹配的展会，盲目参展。由于这些营销规划没有一个具体实施过程，缺乏科学合理的规划，往往进行到一半就中断了，对企业资金、人员、技术都是一种浪费。根源是民营企业家普遍缺乏国际营销经验，往往凭一时的冲动，认为与其慢慢规划，不如快马加鞭，先入为主，这种短视的行为最终尝到的只有苦果。另外，对国际营销理论认识深度也不够，不太重视企业的长远发展。盲目实施多元化战略，我国民营企业多属于中小型企业，以这样的基础实行多元化战略，资金、营销能力等客观条件不具备，反而损害民营企业既有利益。民营企业品牌推广战略落后，民营企业普遍不重视品牌建设，忽略了品牌战略才是最高级的经营，这也是我国民营企业和国际上攻城略地的大型跨国公司的差距。企业没有进行专门的 CI 设计，导致产品高质低价，我们不得不正视的事实是：由于技术含量不高、品牌附加值低，自主创新能力不足，导致目前我国多数出口产品为贴牌生产，拥有自主商标的企业还不到 20%。在这些为数极少的拥有自主品牌的企业中，其品牌价值与品牌形象悬殊，一些民营企业的品牌利润远低于同类型的国外企业，产品附加值不高，国际竞争力低。在现代国际营销活动中，终端品牌的拥有者掌握着最终的商业资源的话语权，我们不能只会制造，没有品牌。

三、民营企业开拓国际市场的策略分析

（一）政府应为民营企业创造有利的环境

1. 建立透明及时的信息平台

提高信息服务平台的效率，向企业提供国际市场供求信息、世界各国和各行

业的贸易环境信息、国际通行产品标准和市场准入认证信息、国际货币市场趋势信息、产品预警信息等多方面服务。总之，要做到信息通畅、及时，能够给民营企业提供最新鲜的国际市场信息。

2. 为民营企业提供融资渠道

针对企业融资困难的障碍，政府应该改进出口促进的金融扶持措施，扩充和完善金融工具的服务功能。一方面，加速国有商业银行经营机制的转换，使其转变传统观念，以效益为导向，设定统一的贷款发放标准，改变信贷政策对民营企业的不平等倾向；另一方面，要加大企业的投资融资体制改革，完善融资环境。具体可采取以下解决措施：建立中小企业基金或民营企业发展基金；组建多种形式的民营企业贷款担保机构；改善投资环境以进一步吸引外资，进一步放开国际风险资本直接投资我国的民营高科技企业；发展风险投资，促进民营企业的产业化。

3. 成立反倾销基金会和法律服务协会

世界各国的贸易保护主义不断加剧，反倾销、反补贴的调查非常普遍。我国民营企业在国际化过程中也遭遇了很多关于反倾销、反补贴的诉讼，高额的诉讼费用严重阻碍了我国民营企业的发展，也给其带来了沉重的负担，可以说我国民营企业的国际化之路异常艰难和坎坷。通过建立反倾销基金会，可以使民营企业得到一定的资金和法律方面的协助，一方面可以提高民营企业应对诉讼的积极性；另一方面也可以为民营企业应诉提供技术、信息等服务，从而尽可能地提高其应对此类诉讼的成功率。与此同时，通过建立反倾销基金会对于我国进口产品的反倾销、反补贴也可以提供相应的帮助和依据。

(二) 企业对策

1. 选择合适的进入模式

民营企业开拓国际市场首先要分析各种进入模式的优缺点，根据自身的企业规模、经营状况、资金实力、人才情况选择适合企业的进入模式。对产品出口型企业而言，在开拓国际市场初期可以采用通过专业外贸公司、外国公司代理等形式间接出口；待出口达到一定规模而且拥有自营进出口权后，可以通过参加各类

第五章 案例讨论篇

国内外展销会了解市场信息,结交众多客商,同时在直接出口过程中尽快熟悉国际市场的游戏规则,从而真正进入国际市场。此外,已经有一定实力的民营企业,可以通过契约形式如贴牌生产、许可证经营、制造合同、特许经营等形式进入国际市场,待国际目标市场已经发育成熟,企业已具备跨国经营的条件时,进行对外直接投资,到境外进行生产和经营来开拓国际市场,并带动国内企业出口。

2. 组建战略联盟

民营企业要大胆探索收购、兼并、股权转让等多种引资方式,加强外向合作,与跨国公司组建战略联盟,依靠产业集群开拓国际市场,成为大型跨国企业上游或下游企业,在全球供应链的分工环节中找到最佳位势和出路,参与国际化竞争。同时,也可以地域为中心,集聚大量民营企业,依靠产业集群获得外部规模经济,组建战略联盟,选择实力较强,规模较大的企业作为骨干,以它为先锋开拓国际市场、带动企业联盟跨国经营。

3. 注重产品的科技创新

首先,民营企业要增强创新的意识,以创新求发展。其次,采取合作创新,和高等院校、科研部门进行密切合作,利用它们的技术优势、人才优势加速企业新产品的创新。此外,企业要增强自我创新的能力,从模仿型创新转向原始性、独创性的创新,走上独立自主的自我发展的创新道路。为了提高自主创新能力,必须确立企业在自主创新中的作用,努力实现新技术的产业化。

4. 制定合适的营销策略

(1) 市场策略。

民营企业国际化发展的市场战略中最重要的是市场细分战略。由于民营企业规模的限制,其资金、规模等方面的实力无法在主流产品的市场与国际市场的竞争者抗衡,因此在国际化发展中要有效地避免垄断者,将产品市场进行细分,使企业发展的重点集在市场的某一点,集中优势力量进行产品创新,生产企业擅长并能在细分市场中迅速占领市场的优势产品,形成企业特色,在激烈的国际竞争中站稳脚跟。除欧美、亚洲市场外,民营企业还可以开辟新的生存空间,其中有六种模式可以选择，第一，产能转移或者合作型，获得竞争优势；第二，在"一带一路"国家建立工业园区，或者开设贸易公司，让更多的企业抱团"走出去"参与"一带一路"倡议；第三，通过海外并购重组获得管理等要素，快速提高企业竞争力；第四，通过获取海外的矿产、农林木渔等资源，延伸发展空间；第五，利用资金、技术、产品和品牌等优势进军海外，获得大的发展空间；第六，承包对外工程和劳务合作，带动企业出去参与"一带一路"倡议。民营企业如果想开拓"一带一路"沿线市场，可以参考以上六种模式，选择合适的方式开拓新市场。

（2）产品策略。

根据当地消费需求制造相应的产品，注重产品的质量和创新，采取"专而精"策略，做强核心业务，在本领域发展产品多元化，并寻找特定的产品密集市场为切入点。小企业的拾遗补缺策略。企业应根据自身规模情况做出产品定位，选择最适合自己的，在本行业中做到最大。

（3）品牌策略。

民营企业要借鉴日韩经验，精心进行品牌创造、品牌创新和品牌管理，学会品牌经营，切实加强自主品牌建设，努力打造自己的品牌，提高产品的自主品牌率，从无牌到有牌、从贴牌到创牌，努力打造国际品牌，提升自主品牌的知名度、美誉度和认可度，提高自主品牌的形象和价值，实现从"中国制造"向"中国创造"的转变。近几年来中兴、华为，还有匹克、安踏等民营企业在这方面做得很不错。

（4）营销策略。

民营企业开拓国际市场要结合当地的市场环境，了解产品的潜在市场和销售潜力，根据当地消费者的需求制定相应的4P营销策略组合，即产品、定价、渠道、促销。民营企业国际化发展的营销战略包括建立营销网络、创新营销方式、建立市场信息情报网络等。在建立营销网络方面，民营企业不但要加强自有营销网络的建设还要整合目标国当地的营销渠道。民营企业的国际化发展要根据企业发展的阶段不断完善企业的营销网络，积极培育当地的产品经销商，充分发掘和利用当地经销商的优势,对其进行产品的知识培训,提高其对产品的认同,有利于企业迅速打开当地市场,提高市场占有率;民营企业国际化发展可以通过企业并购等方式,直接获取当地企业的营销网络,能够使企业的产品迅速地融入当地市场,抢占竞争的先机。在创新营销方式方面,民营企业要根据目标国当地的文化、风俗、消费习惯等,制定不同的营销策略,并根据客户的需求适当地创新结算方式,使更多的客户能够购买企业产品,提高产品的销量和市场占有率。另外,民营企业国际化发展还要建立企业的市场信息情报网络,将企业在国外获得的市场情报及时地向总公司反映、汇总,有利于企业的领导者及时根据市场需求的变化制定不同的产品方案和营销策略,提高企业对市场的反应能力和国际竞争力。

(5)人才策略。

民营企业要提高开拓国际市场的能力必须高度重视人才的培养,尤其是高素质国际营销人才和管理人员的培养,必须培养大局观念避免任人唯亲,积极引进各种专业人才,充分信任人才。认定公司需要的人才类型,坚持用人标准,建立一套人才测评表格指标或系统。完善培训计划,为骨干人才提供系统、完善的培训。民营企业要根据自身特点着力塑造吸引人才、留住人才的企业文化氛围。民营企业开展形成一整套完整的人才培养系统,不但能够为企业留住人才,也能从根本上提高企业的管理水平。人才的培养是一个漫长的过程,民营企业开拓国际市场除了培养自身人才,也可在当地配置适合企业文化,能够胜任企业营销策略的人才。民营企业在开拓新的国际市场方面还要学习当地的文化和风俗习惯以及法律,着重培养员工这方面的素养。

四、结论与启示

民营企业作为我国经济结构的重要组成部分,对我国经济转型至关重要,全球化影响下民营企业开拓国际市场取得大突破,但是大多数企业都存在很多障碍问题。通过对民营企业开拓国际市场的策略分析,了解民营企业开拓国际市场的动因主要包括国家"走出去"政策和企业自身发展需求,总结出民营企业国际化的三个发展阶段,分析民营企业开拓国际市场的发展现状,从我国进出口现状和对外贸易区域说明国际市场还有很大的发展空间,民营企业可以尝试开拓新兴的国际市场,尤其是"一带一路"沿线上的国家,总结出民营企业开拓国际市场存在的问题,其中包括企业规模小融资难、管理方式落后、缺乏创新能力和核心竞争力、缺乏高素质的营销人才、贸易壁垒问题和缺乏科学的营销策略,从政府和企业两个方面分析得出相应的解决对策,政府应该建立透明及时的信息平台、为提供民营企业融资渠道、成立反倾销基金会和法律服务协会,企业自身首先要选择合适的市场进入模式,组建战略联盟,注重产品的科技创新,制定合适的营销策略。

参考文献

[1] 李练军. 中部地区开放型经济发展的实证与对策研究 [D]. 武汉：华中农业大学博士学位论文，2008（6）.

[2] 张吉昌. 经济全球化背景下中国开放型经济的发展 [J]. 技术经济与管理研究，2003（5）.

[3] 王广谦. 经济全球化进程中的中国经济与金融发展 [M]. 北京：经济科学出版社，2005（7）.

[4] 刘彦. 加快湖南开放型经济发展的路径选择 [J]. 现代商业，2012：57.

[5] 熊曦，柳思维. 湖南与中国周边国家和地区经贸合作的对策——基于"一带一路"战略的思考 [J]. 财务与金融，2015（4）：22.

[6] 周青. 湖南省自然资源概况 [EB/OL]. 长沙：湖南省政府信息网，2011.

[7] 黄诗立. 湖南文化及旅游资源情况 [EB/OL]. 长沙：湖南新闻网，2015.

[8] 王洁. 湖南力推十大优势产业 [EB/OL]. 长沙：星辰在线－长沙晚报，2010.

[9] 李静. 区位优势与我国中部民营企业发展的战略研究 [D]. 武汉：华中科技大学博士学位论文，2009：9－12.

[10] 周强. 湖南省扩大开放工作会议上的讲话 [N]. 湖南日报，2011－

05 – 06.

［11］马天禄. 金融外汇支持湖南开放崛起的实践与思考［J］. 金融经济，2012：12 – 15.

［12］翟晓叶. 金融支持中部地区承接产业转移的理论及实证研究［D］. 湘潭：湘潭大学硕士学位论文，2014.

［13］湖南省委宣传部理论处. 靠练"内功"借"外力"补齐开放型经济短板——在开放发展上的认识与实践［N］. 湖南日报. 2013 – 10 – 17（5）.

［14］黄锐. 上市企业成为湖南"走出去"主力军［EB/OL］. 长沙：新华网，2015.

［15］王晶. 创造新优势加快发展开放型经济［N］. 湖南日报，2014 – 08 – 11（8）.

［16］胡信松、陈淦璋. 打造"中部开放型经济发展实验区"［N］. 湖南日报，2013 – 11 – 26（3）.

［17］王彩娜，王晓红. 湖南：发力"一带一部"，与长江经济带共舞［N］. 中国经济时报，2015 – 3 – 13（16）.

［18］张春保，白田田. 立足中游争上游，走出洼地攀高地——湖南：对接国家战略助力经济发展［N］. 湖南日报，2015 – 09 – 19（1）.

［19］贾怀勤. 改革开放以来中国经济波动与对外经济贸易因素［J］. 国际贸易，2009（1）.

［20］高士亮，熊磊. 中国对外贸易的影响因素分析：基于国内的视角［J］. 经济问题探索，2008（8）.

［21］杨俊玲，林季红. 中国对外贸易的影响因素分析——基于 E2C/E2P/I2C/NI2P/NI2E 核算数据的实证研究［J］. 国际经贸探索，2016（32）.

［22］杨梓桐. 中国对外贸易结构的变动及影响因素研究［J］. 中国商贸，2014（12）.

［23］严宝玉. 对外贸易发展金融支持分析——以北京地区为例［J］. 金融研究，2006（4）.

参考文献

［24］孙东林．1983—2012年北京对外贸易差额及变动分析［J］．中国市场，2014（40）．

［25］韩秀申．入世以来中国对外贸易对经济的影响及启示［J］．中国对外贸易，2011（12）．

［26］严建苗．浙沪对外经济贸易合作发展的对策研究［J］．经贸实践，2003（9）．

［27］朱于清．积极扩大对外经贸合作努力开拓国际市场［J］．市场研究，2004（6）．

［28］范莉丽，杨升．人民币汇率波动对我国贸易融资影响研究［J］．时代经贸，2017（19）．

［29］何昌，台德进．货物贸易进口结构与经济增长关系研究［J］．江汉学术，2015（1）．

［30］罗勇，曾涛．我国中间品进口商品结构对技术创新的影响［J］．国际贸易问题，2017（9）．

［31］徐远芬．我国进口商品结构变动及其优化［J］．江西社会科学，2011（9）．

［32］汪琳．人民币汇率波动对我国进口商品结构的影响［J］．武汉金融，2011（10）．

［33］刘燕，程国斌，彭勇军．我国进口贸易与经济增长的关系——基于进口商品结构的实证分析［J］．山东经济，2010（6）．

［34］李辉，苗佳宁．新常态背景下我国进口规模、结构及政策调整［J］．北方经贸，2017（2）．

［35］宁吉喆．以消费升级为导向加快推进供给侧结构性改革［J］．中国有色建设，2016（1）．

［36］陈强．当前经济运行的基本态势［J］．学习导报，2005（7）．

［37］胡清升．释放消费潜力引领消费新常态［J］．中国统计，2015（7）．

［38］祁京梅．2016年消费形势分析及2017年走势预测［J］．理论学刊，

2017（1）．

［39］贺洋，臧旭恒．家庭财富、消费异质性与消费潜力释放［J］．经济学动态，2016（3）．

［40］李承惠．透视竞争——品牌竞争力及其消费者评价指标探析［J］．北京统计，2003（7）．

［41］杜延军．可持续性消费评价指标体系及综合评价模型［J］．生态经济，2013（8）．

［42］肖彦花．论可持续消费及其指标体系［J］．湘潭大学学报（哲学社会科学版），1999（3）．

［43］中华人民共和国统计局．2009年中国统计年鉴［M］．北京：中国统计出版社，2010．

［44］湖南省统计局．2006－2012年湖南省统计年鉴［M］．北京：中国统计出版社，各年度．

［45］蓝海林．企业战略管理理论与技术［M］．广州：华南理工大学出版社，1993．

［46］魏后凯，吴利学．中国地区工业竞争力评价［J］．中国工业经济，2002（11）．

［47］宗刚，马宁．工业企业竞争力的DEA评价研究［J］．数量经济技术经济研究，2002（11）．

［48］刘满凤．中国各地区大中型工业企业技术创新绩效比较［J］．统计与决策，2006（10）．

［49］陈栋生．区域经济研究的新起点［M］．北京：经济管理出版社，1919．

［50］陈家勤．当代国际贸易新理论［M］．北京：经济科学出版社，2000．

［51］陈同仇，薛荣久．国际贸易［M］．北京：对外经济贸易大学出版社，1997．

［52］何晓群．现代统计分析方法与应用［M］．北京：中国人民大学出版

参考文献

社,1998.

[53] 蒋和平. 中国对外贸易竞争力提升研究[D]. 长沙:湖南大学硕士学位论文,2008.

[54] 张曙霄. 中国对外贸易结构问题研究[D]. 长春:东北师范大学博士学位论文,2002.

[55] 魏浩,毛日昇. 从贸易大国向贸易强国转变——中国对外贸易竞争力的实证分析与调整思路[J]. 中国软科学,2003(9).

[56] 马国瑞,樊丽静. 中国劳务输出问题研究[J]. 考试周刊,2015(35):192-193.

[57] 陈友骏. 论中国对外经济合作的发展——理论建构与内核深化[J]. 国际展望,2013(2):67-83+152.

[58] 朱保金. 我国对外承包工程现状及对策建议[J]. 对外经贸,2014(11):48-50.

[59] 卢朋. 中国对外劳务合作的发展特征、挑战与政策应对[J]. 劳动经济研究,2017(2):112-126.

[60] 鄂立彬,戚彩云. 我国对外投资的间接征收问题研究[J]. 宏观经济研究,2014(11).

[61] 连飞,李晓晨. 我国FDI、对外贸易和经济增长关系动态关系[J]. 黑龙江对外经贸,2008,1(2).

[62] 张振强,基于VAR模型的广西FDI、对外贸易与经济增长关系的动态分析[J]. 当代经济,2017(3).

[63] 韩德光,中国对外贸易中影响进口额的因素分析[J]. 北方经贸,2001,6(5).

[64] 李艳. 论国际贸易理论的体系与发展[D]. 哈尔滨:黑龙江大学硕士学位论文,2005.

[65] 陈春. 我国外汇储备适度规模的指标分析[J]. 南方金融,2009(6).

［66］吴国蔚，任延忠．对外直接投资环境评价指标的模糊分析方法［J］．北京工业大学学报，1998（12）．

［67］王雁茜，周启功，程惠芳．外商直接投资技术进步效果评价指标体系［J］．科学管理研究，2000（2）．

［68］罗晓亭．WTO 和自贸区背景下中国对外贸易与经济增长实证研究［D］．上海：上海社会科学院硕士学位论文，2015．

［69］杨惠钧．湖南省对外贸易与经济增长的实证研究［D］．长沙：湖南师范大学硕士学位论文，2010．

［70］李卓．江苏省开放型经济转型升级影响因素与发展分析［D］．南京：南京理工大学硕士学位论文，2014．

［71］金碚等．竞争力经济学［M］．广州：广东经济出版社，2003．

［72］中华人民共和国统计局．2015 年中国统计年鉴［M］．北京：中国统计出版社，2016．

［73］中国外商投资企业发展报告（2015）［R］．内部资料，2016．

［74］郭璐，田珍．中国战略性新兴产业外商投资企业的发展效率评价［J］．现代管理科学，2016（5）．

［75］胡进祥．外商投资企业评价及其指标体系［J］．外国经济与管理，1991（10）．

［76］徐念榕．利用外资项目综合评价指标体系的探讨［J］．国际商务：对外经济贸易大学学报，1997（4）．

［77］巴山．基于统计模型的外商投资贡献度评估方法研究［J］．中国科技论坛，2006（5）．

［78］齐晓丽，金善女．滨海新区开发开放的比较优势分析与对策［J］．天津大学学报，2008（5）．

［79］汤可可．试论对外开放的综合效益［J］．世界经济与政治论坛，1997（4）．

［80］魏琦，王春波．中韩贸易差额分析及对策研究［J］．价格月刊，2006

(9).

[81] 赵用珍. 中韩贸易现状、对策及前景分析 [D]. 长春：东北师范大学硕士学位论文，2011.

[82] 金永久. 中韩贸易结构分析 [D]. 长春：吉林大学硕士学位论文，2010.

[83] 熊曦. 区域产业品牌形成机理及其培育策略研究 [M]. 北京：经济科学出版社，2015.

[84] 郭昕. 中韩贸易逆差问题的分析及对策研究 [D]. 北京：首都经济贸易大学硕士学位论文，2014.

[85] 卢洪雨. 浙江省民营企业外贸出口发展研究 [D]. 杭州：浙江大学硕士学位论文，2012.

[86] 刘京华，林丽英. 福建民营企业开拓东盟市场的现状、问题与对策 [J]. 亚太经济，2009（9）.

[87] 占玲芳. 广东民营企业国际化路径选择研究 [D]. 广州：暨南大学硕士学位论文，2013.

[88] 赵思语. 浙江中小型企业国际化战略研究 [D]. 重庆：西南大学硕士学位论文，2010.

[89] 邓全颖. 中小企业开拓国际市场的困境分析 [J]. 企业技术开发，2016（1）.